学习习近平生态文明思想问答

李　捷◎著

浙江人民出版社

图书在版编目（CIP）数据

学习习近平生态文明思想问答 / 李捷著. —杭州 ：浙江人民出版社，2019.12（2022.8重印）
ISBN 978-7-213-09619-8

Ⅰ. ①学… Ⅱ. ①李… Ⅲ. ①习近平-讲话-学习参考资料②生态文明-建设-中国-学习参考资料 Ⅳ. ①D2-0②X321.2

中国版本图书馆CIP数据核字(2019)第279486号

学习习近平生态文明思想问答

李 捷 著

出版发行：浙江人民出版社（杭州市体育场路347号 邮编 310006）
市场部电话：(0571)85061682 85176516
责任编辑：高辰旭
责任校对：戴文英 杨 帆
责任印务：陈 峰
封面设计：杭州兴邦电子印务有限公司
电脑制版：杭州兴邦电子印务有限公司
印 刷：浙江印刷集团有限公司
开 本：710毫米×1000毫米 1/16 印 张：14.75
字 数：142千字 插 页：1
版 次：2019年12月第1版 印 次：2022年8月第7次印刷
书 号：ISBN 978-7-213-09619-8
定 价：58.00元

编写说明

党的十八大以来，习近平总书记深刻回答了为什么建设生态文明、建设什么样的生态文明、怎样建设生态文明等重大理论和实践问题，系统形成了习近平生态文明思想。本书基于习近平生态文明思想这一主题，设置了50个问答，按照自身的内在逻辑，分为“形成发展篇”“内涵要义篇”“理论创新篇”“实践创新篇”“时代意义篇”五大板块，系统阐释了习近平生态文明思想。这些问答，长短不一，不拘一格，力求用比较通俗化的语言，回答广大干部群众在学习贯彻习近平生态文明思想中比较关心关注的问题，帮助广大干部群众准确把握习近平生态文明思想的深刻内涵和实践要求，对广大党员干部提高理论水平和实践水平具有较高的指导意义。

前 言

PREFACE

党的十八大以来，习近平总书记传承中华民族传统文化、顺应时代潮流和人民意愿，站在坚持和发展中国特色社会主义、实现中华民族伟大复兴中国梦的战略高度，深刻回答了为什么建设生态文明、建设什么样的生态文明、怎样建设生态文明等重大理论和实践问题，系统形成了习近平生态文明思想，有力地指导了生态文明建设和生态环境保护取得历史性成就、发生历史性变革。

在习近平新时代中国特色社会主义思想的科学体系中，习近平生态文明思想是闪烁着马克思主义思想光辉、中国共产党治国理政经验、中华优秀传统智慧、人类思想精华的独创性理论，用绿色发展理念从根本上改变了人们对发展的认识，用人与自然和谐共处从根本上扭转了人们对现代化的认识，用“绿水青山就是金山银山”从根本上改变了人们对国民财富的认识，用良好生态环境是最普惠的民生福祉改变了人们对人民需要的认识。习近平生态文明思想的创立，标志着中国正在彻底改变过多依赖增加物质资源消耗、过多依赖规模粗放扩张、过多依赖高能耗高排放产业的发展模式，在通向建设社会主义现代化强国的征途上开启了以生产发展、生活富裕、生态良好为标志的文明发展道路，一个生态文明新时代正在到来。

“生态文明建设是关系中华民族永续发展的根本大计。”[①]“生态环境是关系党的使命宗旨的重大政治问题，也是关系民生的重大社会问题。”[②]“生态兴则文明兴，生态衰则文明衰。”[③]这三句话，揭示出创立习近平生态文明思想的出发点和归宿，揭示出生态文明建设在中国特色社会主义全局中的地位作用。从中国共产党治国理政的基本方略看，生态环境问题“上接天、下着地”，既是重大政治问题，又是重大民生问题。从中华民族发展看，生态文明建设还是关系民族永续发展的根本大计。再从世界文明发展看，生态环境是人类生存和发展的根基，生态环境变化直接影响文明兴衰演替，一些在古代一度辉煌的文明已被埋藏在万顷流沙之下，成为前车之鉴。这三句话表明，习近平生态文明思想的创立既来自对中国共产党长期执政经验的科学总结，还来自对中华文明接续发展的历史借鉴，也来自对世界文明兴衰存续规律的深刻把握。

习近平生态文明思想，同习近平新时代中国特色社会主义思想一样，也有支撑自身的“四梁八柱”。

第一，深刻揭示了生态文明建设在中国特色社会主义中的

---

①②习近平：《推动我国生态文明建设迈上新台阶》，载《求是》2019年第3期。

③习近平：《生态兴则文明兴——推进生态建设 打造“绿色浙江”》，载《求是》2002年第13期。

地位和作用。从指导思想来说，“坚持人与自然和谐共生”是“十四个坚持”的重要组成部分，共同构成了新时代坚持和发展中国特色社会主义的基本方略。从总体布局来说，经济建设、政治建设、文化建设、社会建设、生态文明建设，共同构成了“五位一体”总体布局。从发展理念来说，创新、协调、绿色、开放、共享共同组成新发展理念，推动着发展理念上的一场深刻革命。

第二，完整提出加强生态文明建设必须坚持的六项原则。一是坚持人与自然和谐共生。人与自然是生命共同体。生态环境没有替代品，用之不觉，失之难存。在整个发展过程中，我们都要坚持节约优先、保护优先、自然恢复为主的方针，要像保护眼睛一样保护生态环境，像对待生命一样对待生态环境。二是“绿水青山就是金山银山”。这是重要的发展理念，也是推进现代化建设的重大原则，阐述了经济发展和生态环境保护的关系，揭示了保护生态环境就是保护生产力、改善生态环境就是发展生产力的道理，指明了实现发展和保护协同共生的新路径。三是良好生态环境是最普惠的民生福祉。环境就是民生，青山就是美丽，蓝天也是幸福。发展经济是为了民生，保护生态环境同样也是为了民生。我们要建设的现代化是人与自然和谐共生的现代化，既要创造更多的物质财富和精神财富以满足人民日益增长的美好生活需要，也要提供更多优质生态产品以满足人民日益增长的优美生态环境需要。四是山水林田湖草是生命共同体。人的命脉在田，田的命脉在水，水的命脉在山，山的命脉在土，土的命脉在林和草，这个生命共同体是人类生存发展的物质基础。要从系统工程和全局角度寻求新的治理之道，不能再是头痛医头、脚痛医脚，各管一摊、相互掣肘。五是用最严格制度最严密法治保护生态环境。保护生态环境必须依靠制度、依靠法治。我国生态环境保护中存在的突出问题大多同体制不健全、制度不严格、法治不严密、执行不到位、惩处不得力有关。要加快制度创新，增加制度供给，完善制度配套，强化制度执行，让制度成为刚性的约束和不可触碰的高压线。要严格用制度管权治吏、护蓝增绿，有权必有责、有责必担当、失责必追究，保证党中央关于生态文明建设的决策部署落地生根见效。六是共谋全球生态文明建设。生态文明建设关乎人类未来，建设绿色家园是人类的共同梦想，保护生态环境、应对气候变化需要世界各国同舟共济、共同努力，任何一国都无法置身事外、独善其身。我国已成为全球生态文明建设的重要参与者、贡献者、引领者。要深度参与全球环境治理，增强我国在全球环境治理体系中的话语权和影响力，积极引导国际秩序变革方向，形成世界环境保护和可持续发展的解决方案。以上六项原则，共同构成习近平生态文明思想的主要内容。

第三，明确提出生态文明建设的阶段性目标。到2020年，生态环境质量总体改善，主要污染物排放总量大幅减少，环境风险得到有效管控，生态环境保护水平同全面建成小康社会目标相适应，并规定了有严格数据限制的具体指标。确保到2035年节约资源和保护生态环境的空间格局、产业结构、生产方式、生活方式总体形成，生态环境质量实现根本好转，美丽中国目标基本实现。到本世纪中叶，我国物质文明、政治文明、精神文明、社会文明、生态文明全面提升，实现生态环境领域国家治理体系和治理能力现代化。

第四，系统形成加强生态文明建设的各项举措。包括：推动形成绿色发展方式和生活方式；坚决打赢蓝天保卫战；着力打好碧水保卫战；扎实推进净土保卫战；加快生态保护与修复；改革完善生态环境治理体系；全面加强党对生态环境保护的领导。党的十九大报告还提出：必须坚持节约优先、保护优先、自然恢复为主的方针，形成节约资源和保护环境的空间格局、产业结构、生产方式、生活方式，还自然以宁静、和谐、美丽。形成绿色发展方式和生活方式，坚定走生产发展、生活富裕、生态良好的文明发展道路，建设美丽中国。

为了便于广大读者能比较系统地掌握习近平生态文明思想，编写了这本《学习习近平生态文明思想问答》。按照其内在逻辑，分为“形成发展篇”“内涵要义篇”“理论创新篇”“实践创新篇”“时代意义篇”，共50个问答。这些问答，长短不一，不拘一格，力求用比较通俗化的语言，回答广大干部群众在学习贯彻习近平生态文明思想中比较关心关注的问题。

目录
CONTENTS

QUESTION AND ANSWER

01 形成发展篇

QUESTION AND ANSWER

02 内涵要义篇

QUESTION AND ANSWER

03 理论创新篇

QUESTION AND ANSWER

04 实践创新篇

QUESTION AND ANSWER

05 时代意义篇

QUESTION
AND
ANSWER

01

形成发展篇

为什么说“绵延5000多年的中华文明孕育着丰富的生态文化”？

习近平生态文明思想，一个重要的思想来源，是中华文明中孕育着的生态文化。它博大精深，源远流长，同各种文明形态相适应，一直是中国共产党人生态文明思想的深厚历史文化渊源，也是中国特色社会主义生态文明建设的独有优势。正如习近平总书记2018年5月18日在全国生态环境保护大会上所指出的：“中华民族向来尊重自然、热爱自然，绵延5000多年的中华文明孕育着丰富的生态文化。”①

早在相传形成于西周的《易经》（又名《周易》）中，就曾这样说过：“观乎天文，以察时

① 习近平：《推动我国生态文明建设迈上新台阶》，载《求是》2019年第3期。

变；观乎人文，以化成天下。”意思是说：通过观察天地间的各种现象征候，来感知时节的变化；通过观察人世间的各种现象征候，来教化天下。说明早在2000多年前，古人已经把“天文”与“人文”紧密地联系在一起，希望像顺应“时变”那样来“化成天下”。

《易经》中还说，“天地交，泰；后以财成天地之道，辅相天地之宜，以左右民”。这里的“财”通“裁”，含有治理的意思。整句话是对国家的治理者说的，意思是一定要使天与地相通（荀爽注《周易》曰：“坤气上升，以成天道；乾气下降，以成地道。天地二气，若时不交，则为闭塞。今既相交，乃通泰。”），使人与天地和谐共处。

产生于先秦时期的道家经典《老子》（又名《道德经》）中也说：“人法地，地法天，天法道，道法自然。”就是说，人受地的制约，地又受天的制约，而天又受道的制约，道则是天地万物的规律所在。这里面，包含着天、地、人受着同一客观规律支配的朴素认识。

《孟子》中说：“不违农时，谷不可胜食也；数罟不入洿池，鱼鳖不可胜食也；斧斤以时入山林，材木不可胜用也。”意思是说，只要不耽误农家耕种的时令，就会有吃不完的五谷；只要不把过密的渔网投入池塘，就会有吃不完的鱼鳖；只要依照时令进入山林采伐，就会有用不完的木材。这也就是后来人们所说的对大自然的物产，不能竭泽而渔，不能只顾索取享用，不管养护生息的道理。

这以后，关于天地人要相统一，社会文明（人文）与自然生态（天文）要相适应、相和谐，人类经济社会生活对自然的索取要有节制的思想，在中华文献典籍中发扬光大、绵延不绝。例如，南北朝时期杰出农学家贾思勰所著的《齐民要术》中，就有“顺天时，量地利，则用力少而成功多”的记述。

正如习近平总书记所说：“这些观念都强调要把天地人统一起来、把自然生态同人类文明联系起来，按照大自然规律活动，取之有时，用之有度，表达了我们的先人对处理人与自然关系的重要认识。”①

知行合一，是中华文明的优良传统。这同样体现在正确处理人与自然的关系上。古人不仅认识到了人与自然要和谐相处的道理，而且很早就把关于自然生态的观念上升为国家管理制度。早在先秦时期，就专门设立掌管山林川泽的职官，掌管相关的政策法令。据《周礼》记载，“山虞掌山林之政令，物为之厉而为之守禁”，“林衡掌巡林麓之禁令，而平其守”。这就是虞衡制度。

秦汉时期，执掌这方面职责的职官为少府，具体分管的有林官、湖官、陂官、苑官、畴官等。隋唐时期，虞衡职责有了进一步的扩展，管理事务范围不断扩大。据《旧唐书》记载，虞部“掌京城街巷种植、山泽苑囿、草木薪炭供顿、田猎之

① 习近平：《推动我国生态文明建设迈上新台阶》，载《求是》2019年第3期。

事”。宋元开始，除元朝设有专门的虞衡司以外，其他各朝都由工部负责资源与环境保护方面的工作，一直延续到清代。

我国也是世界上比较早对保护自然环境立法的国家。我国不少朝代都有保护自然的律令并对违令者重惩，比如，周文王颁布的《伐崇令》规定：“毋坏屋，毋填井，毋伐树木，毋动六畜。有不如令者，死无赦。”

以上这些思想与实践，对人类生态文明发展作出了重要贡献，也成为习近平生态文明思想的重要来源。从今天厉行的河长制、湖长制，践行的绿色发展理念中，都可以看到中国古代生态文明智慧的深远影响。

为什么说“要学习和实践马克思主义关于人与自然关系的思想”？

马克思主义是中国共产党的指导思想，也是中国共产党人不断推进理论创新和实践创新的思想源泉。习近平生态文明思想的产生，也是如此。2018年5月4日，习近平总书记在纪念马克思诞辰200周年大会上特别强调，学习马克思，就要学习和实践马克思主义关于人与自然关系的思想。

马克思主义关于人与自然关系的思想，在马克思主义基本原理中，占有十分重要的地位。

第一，马克思主义认为，人不是自然界的主宰者，而是自然界的一部分，人靠自然界生活。马克思在《1844年经济学哲学手稿》中指出：“人靠自然界生活。这就是说，自然界是人为了不致死亡而必须与之处于持续不断的交互作用过程的、人的身体。所谓人的肉体生活和精神生活同自然界相联系，不外是说自然界同自身相联系，因为人是自然界的一部分。”①

第二，马克思主义认为，人不是简单地适应自然，而是可以通过实践有意识地改造自然。马克思在《1844年经济学哲学手稿》中还指出：“通过实践创造对象世界，改造无机界，人证明自己是有意识的类存在物……诚然，动物也生产。……动物的生产是片面的，而人的生产是全面的……动物只生产自身，而人再生产整个自然界。”②“动物只是按照它所属的那个种的尺度和需要来构造，而人却懂得按照任何一个种的尺度来进行生产，并且懂得怎样处处都把固有的尺度运用于对象：因此，人也按照美的规律来构造。”③恩格斯在《自然辩证法》中也指出：“人也反作用于自然界，改变自然界，为自己创造新的生存条件。”④这里，特别是马克思关于人按照美的规律建造大自然的思想，对于我们今天建设美丽中国具有十分重要的启示意义。

第三，马克思主义进一步提出了人与自然和谐相处的思想。恩格斯在《自然辩证法》中深刻地指出：“但是我们不要过分陶醉于我们人类对自然界的胜利。对于每一次这样的胜利，

①《马克思恩格斯文集》（第1卷），人民出版社2009年版，第161页。

② 同上，第162页。

③ 同上，第163页。

④《马克思恩格斯文集》（第9卷），人民出版社2009年版，第483—484页。

自然界都对我们进行报复。”[①]他列举了人类历史上的一些沉痛教训，如：美索不达米亚、希腊、小亚细亚以及其他各地的居民，为了得到耕地，毁灭了森林，但是他们做梦也想不到，这些地方竟因此而成为不毛之地，因为这些地方失去了森林，也就失去了水分的积聚中心和贮藏库。阿尔卑斯山的意大利人，当他们在山南坡把那些在山北坡得到精心保护的枞树林砍光用尽时，没有预料到，这样一来，他们把本地区的高山畜牧业的根基毁掉了；他们更没有预料到，他们这样做，竟使山泉在一年中的大部分时间内枯竭了，同时在雨季又使更加凶猛的洪水倾泻到平原上。在此基础上，提出了“能够认识和正确运用自然规律”的任务，从而“一天天地学会更正确地理解自然规律，学会认识我们对自然界习常过程的干预所造成的较近或较远的后果”。[②]

第四，马克思主义指出了造成自然界资源和生态严重破坏的社会制度根源。恩格斯在《自然辩证法》中指出：“到目前为止的一切生产方式，都仅仅以取得劳动的最近的、最直接的效益为目的。那些只是在晚些时候才显现出来的、通过逐渐的重复和积累才产生效应的较远的结果，则完全被忽视了。”[③]“为

① 《马克思恩格斯文集》（第9卷），人民出版社2009年版，第559—560页。

② 《马克思恩格斯文集》（第1卷），人民出版社2009年版，第560页。

③ 同①，第562页。

此需要对我们的直到目前为止的生产方式，以及同这种生产方式一起对我们的现今的整个社会制度实行完全的变革。”[①]从这个意义上可以说，马克思主义关于生态文明的思想，是建立在对社会主义制度优越性的自信基础之上的。

从以上这些马克思主义关于人与自然关系的思想的基本原理中不难看出，从这些思想到习近平生态文明思想，贯穿着一条红线。习近平生态文明思想是对上述基本原理的运用、发展和创新。正是从这些基本原理出发，习近平总书记提出：自然是生命之母，人与自然是生命共同体，人类必须敬畏自然、尊重自然、顺应自然、保护自然。要坚持人与自然和谐共生，牢固树立和切实践行“绿水青山就是金山银山”的理念，动员全社会力量推进生态文明建设，共建美丽中国，让人民群众在绿水青山中共享自然之美、生命之美、生活之美，走出一条生产发展、生活富裕、生态良好的文明发展道路。

① 《马克思恩格斯文集》（第9卷），人民出版社2009年版，第561页。

怎样理解习近平总书记说的“我对生态环境工作历来看得很重”？

2018年5月18日，习近平总书记在全国生态环境保护大会上说：“我对生态环境工作历来看得很重。在正定、厦门、宁德、福建、浙江、上海等地工作期间，都把这项工作作为一项重大工作来抓。党的十八大以来，我分别就严重破坏生态环境事件以及长江经济带‘共抓大保护、不搞大开发’作出指示批示，要求严肃查处，扭住不放，一抓到底，不彻底解决绝不松手，确保绿水青山常在、各类自然生态系统安全稳定。”[1]

事实的确如此。重视生态文明建设，始终是习

① 习近平：《推动我国生态文明建设迈上新台阶》，载《求是》2019年第3期。

近平同志在主持地方工作期间的一个突出的特色，形成了丰富的思想和实践。

1983—1985年，习近平同志在担任河北省正定县委书记期间，结合当地实际提出要树立“大农业”思想，“建立合理的、平衡发展的经济结构”，走“半城郊型”经济发展路子，“在合理利用自然资源、保持良好的生态环境、严格控制人口增长的三大前提下搞农业”。他特别强调，农业经济早已超出自为一体的范围，只有在生态系统协调的基础上，才有可能获得稳定而迅速的发展。他还总结出要正确处理好当前和长远、优势和劣势、积极性和科学性、内部条件和外部条件、内涵与外延、生产与服务等六组关系。

1988—1990年，习近平同志担任福建省宁德地委书记。在1989年规划闽东发展时，力主立足实际发展生态农业，在此基础上发展工业。他强调，“振兴闽东在于‘林’字”，要求对资源应进行“综合开发”，“达到社会、经济、生态三者的效益的协调”统一，生态环境的良性循环。

为官一任，造福一方。高度重视生态资源保护、高度重视生态文明发展、高度重视生态文明对于经济社会良性发展的促进作用，始终是习近平同志的一贯思想和实践。无论在福建，还是在浙江工作期间，均一抓到底，一路相随，一以贯之。

党的十八大以来，生态文明建设成为中国特色社会主义“五位一体”总体布局的重要组成部分，也是建设富强民主文明和谐美丽的社会主义现代化强国的奋斗目标之一。习近平总书记一贯倡导的顺应自然、善待自然、守护自然、人与自然和谐相处等重要思想，得以在生态文明发展的实践创新基础上进一步实现理论创新，发展成为习近平生态文明思想。这在新中国生态文明建设史上谱写了光辉的篇章，更在中华民族伟大复兴史上谱写了文明发展的新篇章。

任何一种思想的产生，都要有一定的客观条件作基础。习近平生态文明思想的创立和发展，是在中国共产党生态文明思想形成发展的基础上产生的，标志着中国共产党生态文明思想的一次新觉醒、新飞跃。中国共产党生态文明思想的形成发展，伴随着社会主义现代化建设历程，经历了一个长期的探索过程。

在改革开放前的20多年里，虽然没有提出生态文明的概念，但是在曲折探索中逐步认识到节约资源和保护环境的重要性。1973年，在北京举行了第一次全国环境保护会议。会议明确了“全面规划、合理布局、综合利用、化害为利、依靠群众、大家动手、保护环境、造福人民”环境保护工作方针，制定了《关于保护和改善环境的若干规定（试行草案）》，成为新中国环境保护工作的起点。

党的十一届三中全会后，环境保护事业也进入了新时期。以邓小平同志为核心的党的第二代中央领导集体，在改革开放和社会主义现代化建设过程中认识到“环境污染是大问题”，采取了一系列重要举措。如开展植树造林、绿化祖国活动；经济发展中强调综合开发利用自然资源，合理利用资源；重视资源综合利用，倡导开发利用新能源和可再生能源；将环境保护工作上升为基本国策，建立环境保护法律制度，设立环境保护管理机构。

1995年9月在党的十四届五中全会上，江泽民同志首次提出可持续发展的战略构想，环境保护工作进入了新阶段。党的十六大以后，以胡锦涛同志为总书记的党中央提出科学发展观。随后，又在党的十七大报告中提出建设生态文明的要求。这些都为习近平生态文明思想的创立发展准备了条件。

习近平同志在福建工作期间关于生态文明建设有过哪些重要论述？

1985—2002年，习近平同志在福建工作了18个年头，足迹遍及厦门、宁德、福州，还担任过省委副书记、省长，对于生态文明建设有过许多重要论述，提出过一些重要举措。他在福建有关生态文明建设的理论与实践，对于习近平生态文明思想的形成具有重要意义。

习近平同志在宁德工作期间，正好是宁德干部群众正以急迫的心情期望能够早日摘掉贫困落后的帽子、抓住机遇、迅速腾飞的关键时刻。搞好经济开发，成为迫在眉睫的问题。搞经济开发的基本思路，无外乎两条。一条是大力招商引资，“抓到篮子里的都是菜”；一条是综合调动各方面资源，搞立足于自身优势的综合开发。习近平同志通过周密的调查研究，提出："我们讲的资源开发，是符合社会主义商品市场需要的开发，因而是经济的综合开发，这种开发不是单一的，而是综合的；不是单纯讲经济效益的，而是要达到社会、经济、生态三者的效益的协调。"[①]这个思路，用今天的话来说，就是走绿色发展的道路。

在粗放式经济发展阶段，生态资源保护往往被置于"说起来重要、做起来次要"的尴尬地位。习近平同志在宁德工作期间，就明确提出："严禁盲目采伐，强化资源管护。过去林业生产'重造轻管，过量采伐'造成森林资源锐减的现象必须彻底纠正。"[②]

习近平同志通过深入调研敏锐地意识到，束缚宁德地区林业发展的关键在于林业经营体制问题。因此，他提出："转变单一经营，实行综合开发。在产业结构上，实行'林、茶、果、药'结合；在受益时间上，实行'长、中、短'结合；在林地利用上，实行'套种、放养'结合；在林木结构上实行'乔、灌、草'结合；在经营效益上，求得经济、生态、社会三大效益的统一。"[③]这些举措，用今天的话来说，就是要努力营造好山水林田湖草生命共同体。

担任福建省领导职务以后，习近平同志更是从党和国家发展的战略全局高度强调生态文明建设的重要性，制定和实施福

---

① 习近平：《摆脱贫困》，福建人民出版社1992年版，第81—82页。
②③ 同上，第85页。

建省的发展战略。

在正确处理经济发展与生态环境保护关系问题上，习近平同志强调，“任何形式的开发利用都要在保护生态的前提下进行，使八闽大地更加山清水秀，使经济社会在资源的永续利用中良性发展”[①]。他在闽江源头调研一家公司时指出，“公司从生态中得到的实惠越多，越要注重生态保护”；“保护不好闽江源头，一场疫情就可能彻底毁灭‘龙头’企业，进而殃及成千上万的农民”。[②]

注重把生态资源转化为生态经济，也是习近平同志在福建工作期间的一个特点。他强调生态资源是福建最宝贵的财富，森林是水库、钱库、粮库，要把生态优势、资源优势转化为经济优势、产业优势。他强调“农产品加工业一定要走生态效益型产业之路，以内涵式发展为主，使经济效益和社会效益高度和谐”[③]。

习近平同志在福州工作期间，还主持编订了《福州市20年经济社会发展战略设想》（以下简称《设想》）。在这一《设想》中，一大亮点是提出“城市生态建设”目标，要把福州建设成为“清洁、优美、舒适、安静，生态环境基本恢复到良性循环的沿海开放城市”。大力推进“绿化福州”和内河综合治理工作，确立“抓重点、保基础、上水平、一体化”的绿化福州工作思路。针对福州西湖污染的报道，他要求认真总结西湖景

①②③《省长调研“生态省”》，载《人民日报》2002年4月11日。

区污染的教训，举一反三，改进工作，使城市规划和建设品位高、精品多，经得起世人评说和历史检验，给人民群众创造一个美好、舒适的生活环境。

习近平同志在福建省委工作期间，高度重视闽江流域整体性保护，提出要加强闽江上游的植被保护和生态林建设。他先后10次关心、调研木兰溪的治理工作。在长汀水土流失治理的重要节点上，他多次作出重要批示和指示，开启了长汀水土流失治理“进则全胜”的新篇章。

世纪之交，生态资源环境保护问题日益受到普遍关注。在这一背景下，时任福建省委副书记、省长的习近平同志亲自担任生态省建设领导小组组长，指导编制和推动实施《福建生态省建设总体规划纲要》（以下简称《纲要》）。《纲要》率先提出“生态省建设”，系统谋划了福建生态效益型经济发展的目标、任务和举措，提出要“经过20年的努力奋斗，使福建成为生态效益型经济发达、城乡人居环境优美舒适、自然资源永续利用、生态环境全面优化、人与自然和谐发展的可持续发展省份”。

习近平同志在浙江工作期间关于生态文明建设有过哪些重要论述?

2002—2007年，习近平同志在浙江主持工作，度过了6个年头。在浙江期间，他对生态文明建设继续高度关注，提出和指导实施了许多重大举措，形成了绿色发展的浙江实践，为党的十八大以来全面推动生态文明建设积累了丰富经验，也为创立习近平生态文明思想奠定了坚实的理论基础和实践基础。

在浙江实践中，习近平同志概括提出“生态兴则文明兴，生态衰则文明衰”，为打造“绿色浙江”指明了正确方向。建设“绿色浙江”，是2002年6月浙江省第十一次党代会提出的奋斗目标。第二年7月，习近平同志在《求是》第13期上发表了《生态兴则文明兴——推进生态建设 打造“绿色浙江”》一文，系统阐明了打造“绿色浙江”的总体思路。文章指出：“‘生态兴则文明兴，生态衰则文明衰。’推进生态建设，打造‘绿色浙江’，是保护和发展生产力的客观需要，有利于加快调整经济结构和优化产业布局，减少环境污染和生态破坏，更好地为生产力的发展增添后劲；推进生态建设，打造‘绿色浙江’，是社会文明进步的重要标志，有利于促进人们生产方式、生活方式、消费观念的转变，增强生态保护意识，大力发展生态文化，推进生态文明建设，也有利于建设优美舒适的人居环境，生产安全可靠的绿色产品，实现自然资源的永续利用，从而有效改善人民群众的生活质量。所以，这是功在当代的民心工程、利在千秋的德政工程。”

这篇文章还深刻地指出：“当今世界，生态环境已成为一个国家和地区综合竞争力的重要组成部分。出口贸易正越来越多地面临主要来自发达国家‘绿色壁垒’的挑战，许多国家和地区都高度关注生态安全，把它作为国家安全的基本战略之一。要保持浙江经济大省、出口大省的地位，吸引更多的外商来投资落户，就必须更加注重生态保护和环境建设，努力在更高层次和水平上谋求有力的环境支撑。同时，我省要实现与长江三角洲地区的优势互补、互惠互利，必须强化山海并利、山水兼优的生态优势，加强区域生态建设和环境保护，集约利用有限资源，加快建立可持续发展的资源环境支撑体系，以区域可持续发展的有利条件，全面参与长江三角洲地区的一体化进程。”时至今日，把以上论述延伸到全国乃至国际社会，更显示出其思想之敏锐、预见之深刻。

习近平同志在谋划浙江长远发展战略时提出了“八八战略”，其中，生态文明建设占有十分重要的地位。2003年7月，时任浙江省委书记的习近平同志在浙江省委十一届四次全会上，全面系统地提出，面向未来浙江要进一步发挥八个方面的优势、推进八个方面的举措，即“八八战略”。在“八八战略”中，第三条是“进一步发挥浙江的块状特色产业优势，加快先进制造业基地建设，走新型工业化道路”；第四条是“进一步发挥浙江的城乡协调发展优势，加快推进城乡一体化”；第五条是“进一步发挥浙江的生态优势，创建生态省，打造‘绿色浙江’”；第六条是“进一步发挥浙江的山海资源优势，大力发展海洋经济，推动欠发达地区跨越式发展，努力使海洋经济和欠发达地区的发展成为我省经济新的增长点”。这些战略举措，汇聚到一点，就是今天所说的走“绿色发展”、协调发展、文明发展道路。可以说，“八八战略”的实施，为党的十八大以后系统提出新发展理念积累了重要经验。

习近平同志提出“绿水青山就是金山银山”理念，着力推动“千村示范、万村整治”的生态工程，给老百姓带来了实实在在的幸福感、获得感。2018年9月26日晚，浙江省安吉县农民裘丽琴站在联合国的最高环境荣誉——“地球卫士”颁奖典礼的颁奖台上，用质朴的语言表达自己的激动之情：“我来自浙江省的一个村庄。15年前，我每天都要拎着满满的一桶脏水走到很远的地方去倒污水。当时，我家厨房没有排污水管，村里没有垃圾箱，河道受污染，又黑又臭。今天，习近平主席亲自推动的‘千村示范、万村整治’工程使我们村庄变成一张亮丽的明信片。”一席话引来了一片掌声。

习近平同志在浙江工作期间，还以千岛湖水资源保护为切入点，指导创造了新安江流域生态保护成功经验，为党的十八大以来实行生态功能区划分和“生态补偿”等生态文明制度建设奠定了基础。

习近平同志在浙江工作期间是如何提出“绿水青山也是金山银山”理念并狠抓落实的？

2005年8月15日，时任浙江省委书记的习近平同志到浙江省安吉县余村考察，首次明确提出“绿水青山就是金山银山”，强调不以环境为代价去推动经济增长。

在这次考察中，当习近平同志得知村里关闭矿区、走绿色发展之路的做法后，赞许地说：“一定不要再想着走老路，还是迷恋着过去的那种发展模式。所以，刚才你们讲了，下决心停掉一些矿山，这个都是高明之举。‘绿水青山就是金山银山’。我们过去讲既要绿水青山，又要金山银山，实际上

‘绿水青山就是金山银山’。”[①]

习近平同志在安吉考察时提出“绿水青山就是金山银山”理念，绝非偶然。在这以前，在习近平同志的直接推动下，从2003年6月开始在浙江全省启动了“千村示范、万村整治”工程（即“千万工程”），计划花5年时间，从全省4万个村庄中选择1万个左右的行政村进行全面整治，把其中1000个左右的中心村建成全面小康示范村。由此开启了全面奔小康与改善农村生态环境、提高农民生活质量并举的美丽乡村建设。这实际上就是要跨越“只要金山银山，不管绿水青山”和“既要金山银山，又要绿水青山”阶段，直接踏上使“绿水青山”变成“金山银山”文明发展之路。

在这前后，习近平同志还在《浙江日报》的“之江新语”栏目上撰文指出：“‘只要金山银山，不管绿水青山’，只要经济，只重发展，不考虑环境，不考虑长远，‘吃了祖宗饭，断了子孙路’而不自知，这是认识的第一阶段；虽然意识到环境的重要性，但只考虑自己的小环境、小家园而不顾他人，以邻为壑，有的甚至将自己的经济利益建立在对他人环境的损害上，这是认识的第二阶段；真正认识到生态问题无边界，认识到人类只有一个地球，地球是我们的共同家园，保护环境是全人类的共同责任，生态建设成为自觉行动，这是认识的第三阶

① 《绿水青山就是金山银山——习近平总书记在浙江的探索与实践·绿色篇》，载《浙江日报》2017年10月8日。

段。”[①]这个新阶段，即是形成“绿水青山就是金山银山”理念的新阶段，而如今就是全面贯彻落实新发展理念的新时代。

2005年8月24日，习近平同志在《绿水青山也是金山银山》一文中指出：“在鱼和熊掌不可兼得的情况下，我们必须懂得机会成本，善于选择，学会扬弃，做到有所为、有所不为，坚定不移地落实科学发展观，建设人与自然和谐相处的资源节约型、环境友好型社会。在选择之中，找准方向，创造条件，让绿水青山源源不断地带来金山银山。”[②]

2006年3月23日，他在《从“两座山”看生态环境》一文中还形象地把“绿水青山”和“金山银山”比喻作“两座山”，指出：“我们追求人与自然的和谐、经济与社会的和谐，通俗地讲，就是要‘两座山’：既要金山银山，又要绿水青山。这‘两座山’之间是有矛盾的，但又可以辩证统一……‘两座山’要作为一种发展理念、一种生态文化，体现到城乡、区域的协调发展中，体现出不同地方发展导向的不同、生产力布局的不同、政绩考核的不同、财政政策的不同。”[③]

以上这些重要论述，实际上昭示着一场在发展理念、发展思路、发展战略、发展模式上的深刻变革。它给浙江和整个中国将要带来的变化，在很大程度上是带有挑战性和根本性的。

在浙江工作期间，习近平同志一直坚持亲自抓“千万工

① 习近平：《之江新语》，浙江人民出版社2007年版，第13页。
② 同上，第153页。
③ 同上，第186—187页。

程”的部署落实和示范引领，每年都召开一次全省现场会进行现场指导，体现了他一贯倡导的“久久为功”“滴水穿石”的扎实作风。不仅如此，每个阶段的“千万工程”都各有工作重点：

2003—2007年，突出示范引领，在1万多个建制村推进道路硬化、卫生改厕、河沟清淤等；

2008—2012年，突出整体推进，主抓畜禽粪便、化肥农药等面源污染整治和农房改造；

2013年以来，突出深化提升，攻坚生活污水治理、垃圾分类、历史文化村落保护利用。

时光荏苒。2015年5月，习近平总书记到浙江调研指导工作。回顾“千万工程”，习近平总书记感慨地说：浙江山清水秀，当年开展“千村示范、万村整治”确实抓得早，有前瞻性。希望浙江再接再厉，继续走在前面。

习近平同志在浙江工作期间是如何提出“走高效生态的新型农业现代化道路”并狠抓落实的？

习近平同志在浙江工作期间，跑遍所有县（市、区），深入农村基层，深入田间地头，了解“三农”发展实情，围绕发展农业、造福农村、富裕农民，提出了一系列思想观点和政策举措，在省域层面对破解“三农”发展难题进行了创新性探索。

进入21世纪以来，浙江省已全面进入以工促农、以城带乡的发展新阶段。农业经营出现了副业化、兼业化、老龄化趋向，农产品质量安全水平不高、农业组织化程度较低、市场主体竞争力不强的问题愈加突出。同时，农业土地资源逐年减少、水资源紧缺、基础设施薄弱、资金投入不足、生产能耗和成本不断上升等系列问题，困扰着浙江农业的提升发展。在全面分析浙江资源禀赋、经济社会发展水平和农业发展新形势的基础上，时任浙江省委书记的习近平同志于2004年1月提出要“充分发挥我省的比较优势，把发展高效生态农业作为效益农业的主攻方向”，开启了浙江新型农业现代化发展之路。

2007年3月21日，习近平同志在《人民日报》上发表了《走高效生态的新型农业现代化道路》一文，系统阐述了走经济高效、产品安全、资源节约、环境友好、技术密集、凸显人力资源优势的新型农业现代化道路的内涵，并且从建设农业产业体系、经营体系、服务体系以及健全政府对现代农业的支持和保护体系等方面，提出了以高效生态兴农强农的思想理论和政策框架。文章特别强调指出：“发展高效生态农业，必须积极推动农业科技创新和体制创新，做优做强区域化、特色化、品牌化的主导产业，大力培育专业化、规模化、产业化的现代生产经营主体，积极推广集约化、标准化、生态化的生产模式，着力构建信息化、多元化、社会化的新型服务平台，全面推进农田园林化、水利化、机械化的现代农业基础建设和装备建设，形成具有高土地产出率、劳动生产率和市场竞争力的现代农业产业体系。”

自2004年习近平同志提出“走高效生态的新型农业现代化道路”直至党的十八大以来，浙江省委、省政府积极顺应消费需求升级、生态文明绿色发展的新要求，坚定地把高效生态农业作为主攻方向，努力改善农业供给体系的质量和效益，推动农业转型升级发展。围绕高效生态农业发展要求，持续提升农业“两区”（指粮食生产功能区和重要农产品生产保护区）建设水平，破解农业基础弱难题，推进农业集聚发展、集约发展；坚持“绿水青山就是金山银山”的绿色发展新理念，破解生态破坏难题，推进农业绿色化、品质化；拓展多功能农业新业态，破解农业低效难题，催生农业新业态、新功能；坚持科技兴农，破解“谁来种田”难题，大力培育农业新型经营主体和新型职业农民。一系列具有战略眼光的举措，使浙江成为全国唯一的现代生态循环农业试点省、首个畜牧业绿色发展示范省、首个农业“机器换人”示范省、首个推行生产供销信用“三位一体”农合联组织改革建设的试点省，为中国特色的新型农业现代化提供了浙江样本。

浙江实践证明，“走高效生态的新型农业现代化道路”，是一条从根本上消灭贫困、全面建成小康社会的成功之路。2015年，浙江全面消除家庭人均年收入4600元以下绝对贫困现象。2017年，浙江全省农村居民人均可支配收入达24956元，连续33年保持全国各省区第一。城乡收入差距持续缩小，2017年浙江全省城乡收入比降为2.05∶1，远低于全国2.7∶1的水平。

党的十八大以来，在生态文明建设上采取了哪些具有深远影响的战略举措？取得了哪些突破性成就？

2018年5月18日，习近平总书记在全国生态环境保护大会上指出："党的十八大以来，我们把生态文明建设作为统筹推进'五位一体'总体布局和协调推进'四个全面'战略布局的重要内容，开展一系列根本性、开创性、长远性工作，提出一系列新理念新思想新战略，生态文明理念日益深入人心，污染治理力度之大、制度出台频度之密、监管执法尺度之严、环境质量改善速度之快前所未有，推动生态环境保护发生历史性、转折性、全局性变化。"[①]

① 习近平：《推动我国生态文明建设迈上新台阶》，载《求是》2019年第3期。

党的十八大以来在生态文明建设上发生的这些历史性、转折性、全局性变化，有其深刻的社会历史背景。一方面，日益恶化的生态资源环境状况难以继续支撑长期以来形成的以高速度增长为标志的经济发展模式，亟须在发展理念与发展方式上来一个革命性变革；另一方面，我们党对生态文明建设的规律性认识和把握也产生了一次重大飞跃，创立了习近平生态文明思想。生态文明建设实践呼唤着理论创新，生态文明建设理论创新又强有力地推动着实践发展，形成了理论创新与实践创新的良性互动。

党的十八大以来，党和国家采取非同寻常的措施大力推动生态文明建设，紧盯底线红线，全力补齐短板，使生态环境保护硬约束成为带电的高压线。

一是大力推进生态文明制度改革。通过全面深化改革，加快推进生态文明顶层设计和制度体系建设，相继出台《关于加快推进生态文明建设的意见》《生态文明体制改革总体方案》，制定了40多项涉及生态文明建设的改革方案，从总体目标、基本理念、主要原则、重点任务、制度保障等方面对生态文明建设进行全面系统部署安排。

二是大力推进生态文明制度创新。生态文明建设目标评价考核、自然资源资产离任审计、生态环境损害责任追究等制度出台实施，主体功能区制度逐步健全，省以下环保机构监测监察执法垂直管理、生态环境监测数据质量管理、排污许可、河（湖）长制、禁止洋垃圾入境等环境治理制度加快推进，绿色金融改革、自然资源资产负债表编制、环境保护税开征、生态保护补偿等环境经济政策制定和实施进展顺利。

三是大力推进重点地区生态环境治理。京津冀大气污染治理、长江经济带生态环境保护取得阶段性成效，京津冀及周边地区“散乱污”企业整治力度空前。

四是大力推进生态文明立法执法。制定和修改环境保护法、环境保护税法以及大气、水污染防治法和核安全法等法律。全国人大常委会、最高人民法院、最高人民检察院对环境污染和生态破坏界定入罪标准，加大惩治力度，形成高压态势。

五是大力推进环境保护督察制度落地生效。中央环境保护督察制度建得好、用得好，敢于动真格，不怕得罪人，咬住问题不放松，成为推动地方党委和政府及其相关部门落实生态环境保护责任的硬招实招。

在一系列重大举措的综合施策作用下，我国生态文明建设在党的十八大以后取得了一系列标志性的成就，开创了生态文明建设和环境保护新局面：

大力推动绿色发展。国土空间布局得到优化，京津冀、长江经济带省（市）和宁夏回族自治区等15个省份的生态保护红线已经划定。供给侧结构性改革深入推进，产业结构不断优化，一大批高污染企业有序退出。能源消费结构发生积极变化，我国成为世界利用新能源和可再生能源第一大国。全面节约资源有效推进，资源消耗强度大幅下降。

深入实施大气、水、土壤污染防治三大行动计划。我国是世界上第一个大规模开展细颗粒物（PM2.5）治理的发展中大国，具备全世界最大的污水处理能力。同2013年相比，2017年全国338个地级及以上城市可吸入颗粒物（PM10）平均浓度下降22.7%，京津冀地区PM2.5平均浓度下降39.6%，北京PM2.5平均浓度从89.5微克/立方米降至58微克/立方米。地表水国控断面Ⅰ—Ⅲ类水体比例增加到67.9%，劣Ⅴ类水体比例下降到8.3%。森林覆盖率由21世纪初的16.6%提高到22%左右。

我国率先发布《中国落实2030年可持续发展议程国别方案》，实施《国家应对气候变化规划（2014—2020年）》，向联合国交存《巴黎协定》批准文书。我国消耗臭氧层物质的淘汰量占发展中国家总量的50%以上，成为对全球臭氧层保护贡献最大的国家。2017年，同联合国环境署等国际机构一道发起，建立"一带一路"绿色发展国际联盟。

党的十九大以来，进一步昭示了生态文明建设的美好前景。党的十九大明确了到本世纪中叶把我国建设成为富强民主文明和谐美丽的社会主义现代化强国的目标，十三届全国人大一次会议通过的宪法修正案，将这一目标载入国家根本大法，进一步凸显了建设美丽中国的重大现实意义和深远历史意义，进一步深化了我们党对社会主义建设规律的认识，为建设美丽中国、实现中华民族永续发展提供了根本遵循和保障。

QUESTION
AND
ANSWER

02

内涵要义篇

习近平生态文明思想是如何回答为什么建设生态文明、建设什么样的生态文明、怎样建设生态文明等重大理论和实践问题的?

2018年5月18日，习近平总书记在全国生态环境保护大会上指出："党的十八大以来，我们党深刻回答了为什么建设生态文明、建设什么样的生态文明、怎样建设生态文明的重大理论和实践问题，提出了一系列新理念新思想新战略。"①

第一，习近平生态文明思想深刻回答了为什么建设生态文明的重大理论和实践问题。

① 习近平:《推动我国生态文明建设迈上新台阶》，载《求是》2019年第3期。

一是生态文明建设有着深刻的历史教训为镜鉴。20世纪，发生在西方国家的“世界八大公害事件”对生态环境和公众生活造成巨大影响。其中，洛杉矶光化学烟雾事件，先后导致近千人死亡、75%以上市民患上红眼病。伦敦烟雾事件于1952年12月首次暴发的短短几天内，致死人数高达4000名，随后2个月内又有近8000人死于呼吸系统疾病，此后1956年、1957年、1962年又连续发生多达12次严重的烟雾事件。日本水俣病事件，因工厂把含有甲基汞的废水直接排放到水俣湾中，人食用受污染的鱼和贝类后患上极为痛苦的汞中毒病，患者近千人，受威胁者多达2万人。

二是生态文明建设是我国经济社会发展进入新时代、社会主要矛盾发生重大变化后的迫切要求。改革开放以来，我国经济发展取得历史性成就，这是值得我们自豪和骄傲的，也是世界上很多国家羡慕我们的地方。同时必须看到，我们也积累了大量生态环境问题，成为明显的短板，成为人民群众反映强烈的突出问题。比如，各类环境污染呈高发态势，成为民生之患、民心之痛。这样的状况，必须下大气力扭转。

三是生态文明建设作为中国特色社会主义“五位一体”总体布局的重要组成部分，标志着我们党对社会主义建设规律的认识、对发展规律的认识产生了新飞跃。建设生态文明是中华民族永续发展的千年大计。人因自然而生，人与自然是一种共生关系，对自然的伤害最终会伤及人类自身。人类发展活动必须尊重自然、顺应自然、保护自然，解决好人与自然和谐共生问题。生态环境没有替代品，用之不觉，失之难存。环境就是民生，青山就是美丽，蓝天也是幸福，“绿水青山就是金山银山”。保护环境就是保护生产力，改善环境就是发展生产力。在生态环境保护上，一定要树立大局观、长远观、整体观，不能因小失大、顾此失彼、寅吃卯粮、急功近利。我们要坚持节约资源和保护环境的基本国策，像保护眼睛一样保护生态环境，像对待生命一样对待生态环境，推动形成绿色发展方式和生活方式，协同推进人民富裕、国家强盛、中国美丽。

第二，习近平生态文明思想深刻回答了建设什么样的生态文明的重大理论和实践问题。

习近平总书记强调指出，新时代推进生态文明建设，必须坚持好以下原则。

一是坚持人与自然和谐共生。在整个发展过程中，我们都要坚持节约优先、保护优先、自然恢复为主的方针，让群众望得见山、看得见水、记得住乡愁，让自然生态美景永驻人间，还自然以宁静、和谐、美丽。

二是“绿水青山就是金山银山”。这是重要的发展理念，也是推进现代化建设的重大原则。绿水青山既是自然财富、生态财富，又是社会财富、经济财富。保护生态环境就是保护自然价值和增值自然资本，就是保护经济社会发展潜力和后劲，使绿水青山持续发挥生态效益和经济社会效益。

三是良好生态环境是最普惠的民生福祉。发展经济是为了民生，保护生态环境同样也是为了民生。既要创造更多的物质财富和精神财富以满足人民日益增长的美好生活需要，也要提供更多优质生态产品以满足人民日益增长的优美生态环境需要。

四是山水林田湖草是生命共同体。生态是统一的自然系统，是相互依存、紧密联系的有机链条。人的命脉在田，田的命脉在水，水的命脉在山，山的命脉在土，土的命脉在林和草，这个生命共同体是人类生存发展的物质基础。

五是用最严格制度最严密法治保护生态环境。保护生态环境必须依靠制度、依靠法治。让制度成为刚性的约束和不可触碰的高压线。要严格用制度管权治吏、护蓝增绿，有权必有责、有责必担当、失责必追究，保证党中央关于生态文明建设决策部署落地生根见效。

六是共谋全球生态文明建设。生态文明建设关乎人类未来，建设绿色家园是人类的共同梦想，保护生态环境、应对气候变化需要世界各国同舟共济、共同努力，任何一国都无法置身事外、独善其身。我国已成为全球生态文明建设的重要参与者、贡献者、引领者，主张加快构筑尊崇自然、绿色发展的生态体系，共建清洁美丽的世界。

第三，习近平生态文明思想深刻回答了怎样建设生态文明的重大理论和实践问题。

一是要创新发展理念，牢固树立绿色发展理念。习近平总书记在党的十八届五中全会第二次全体会议上指出：“理念是行动的先导，一定的发展实践都是由一定的发展理念来引领的。发展理念是否对头，从根本上决定着发展成效乃至成败。发展是一个不断变化的进程，发展环境不会一成不变，发展条件不会一成不变，发展理念自然也不会一成不变。”绿色发展注重的是解决人与自然和谐问题。绿色循环低碳发展，是当今时代科技革命和产业变革的方向，是最有前途的发展领域，我国在这方面的潜力相当大，可以形成很多新的经济增长点。我国资源约束趋紧、环境污染严重、生态系统退化的问题十分严峻，人民群众对清新空气、干净饮水、安全食品、优美环境的要求越来越强烈。为此，我们必须坚持节约资源和保护环境的基本国策，坚定走生产发展、生活富裕、生态良好的文明发展道路，加快建设资源节约型、环境友好型社会，推进美丽中国建设，为全球生态安全作出新贡献。

二是要全力补齐生态文明建设这个“五位一体”中最为突出的短板。在40年持续快速发展中，我国农产品、工业品、服务产品的生产能力迅速扩大，但提供优质生态产品的能力却在减弱，一些地方生态环境还在恶化。这就要求我们应尽力补上生态文明建设这块短板，切实把生态文明的理念、原则、目标融入经济社会发展各方面，贯彻落实到各级各类规划和各项工作中。

三是要把解决突出生态环境问题作为民生优先领域。当前，重污染天气、黑臭水体、垃圾围城、农村环境已成为民心之痛、民生之患，严重影响人民群众生产生活，老百姓意见大、怨言多，甚至成为诱发社会不稳定的重要因素，必须下大气力解决好这些问题。要集中优势兵力，动员各方力量，群策群力，群防群治，一个战役一个战役打，打一场污染防治攻坚的人民战争。其中，坚决打赢蓝天保卫战是重中之重，是国内民众的迫切期盼。

四是要加快构建生态文明体系。加快解决历史交汇期的生态环境问题，必须加快建立健全以生态价值观念为准则的生态文化体系。我们要建设的现代化是人与自然和谐共生的现代化，既要创造更多物质财富和精神财富以满足人民日益增长的美好生活需要，也要提供更多优质生态产品以满足人民日益增长的优美生态环境需要。必须坚持节约优先、保护优先、自然恢复为主的方针，形成节约资源和保护环境的空间格局、产业结构、生产方式、生活方式，还自然以宁静、和谐、美丽。

如何认识把生态文明建设纳入中国特色社会主义总体布局的重大意义？

生态环境是关系党的使命宗旨的重大政治问题，也是关系民生的重大社会问题。我们党历来高度重视生态环境保护，把节约资源和保护环境确立为基本国策，把可持续发展确立为国家战略。随着经济社会发展和实践深入，我们对中国特色社会主义总体布局的认识不断深化，从当年的“两个文明”到“三位一体”“四位一体”，再到今天的“五位一体”，这是重大理论和实践创新，更带来了发展理念和发展方式的深刻转变。

第一，把生态文明建设纳入中国特色社会主义总体布局，标志着我们党在文明发展道路上的重大发展。推进中国特色社会主义“五位一体”总体布局，归根到底就是要走生产发展、生活富裕、生态良好的文明发展道路。生产发展，是社会进步的前提。生活富裕，不断提高整个社会的物质和精神生活水平，使社会财富得到合理分配，使全体社会成员共享发展成果，人类文明才能不断进步。生态良好，合理利用自然资源，保护和优化生态环境，坚持可持续发展，实现人与自然和谐相处，人类文明才能得到持久永续发展。把握总体布局，全面推进中国特色社会主义事业，就是要坚持以生产发展为基础，以生活富裕为目的，以生态良好为条件，努力实现社会经济系统和自然生态系统的良性循环；就是要使社会生产力特别是先进生产力不断发展，国家的经济实力和综合国力不断增强，人们生活质量和富裕程度持续提高，享有的民主权利和法制保障更加充分，精神生活和精神追求更加丰富高尚，社会更加和谐稳定和充满活力，人们在良好生态环境中生产生活。

第二，把生态文明建设纳入中国特色社会主义总体布局，标志着我们党在社会主义建设规律上的重大发展。强调中国特色社会主义"五位一体"总体布局，是因为中国特色社会主义是全面发展的社会主义。我们要牢牢抓好党执政兴国的第一要务，始终代表中国先进生产力的发展要求，坚持以经济建设为中心，在经济不断发展的基础上，协调推进政治建设、文化建设、社会建设、生态文明建设以及其他各方面建设。随着我国经济社会发展不断深入，生态文明建设的地位和作用日益凸显。党的十八大把生态文明建设纳入中国特色社会主义事业总体布局，使生态文明建设的战略地位更加明确，有利于把生态文明建设融入经济建设、政治建设、文化建设、社会建设各方面和全过程。这是我们党对社会主义建设规律在实践和认识上不断深化的重要成果。我们要按照这个总体布局，促进现代化建设各方面相协调，促进生产关系与生产力、上层建筑与经济基础相协调。

第三，把生态文明建设纳入中国特色社会主义总体布局，标志着我们党在解决新时代社会主要矛盾变化思路上的重大发展。现在，随着我国社会主要矛盾转化为人民日益增长的美好生活需要和不平衡不充分的发展之间的矛盾，人民群众对优美生态环境的需要已经成为这一矛盾的重要方面，广大人民群众热切期盼加快提高生态环境质量。环境就是民生，青山就是美丽，蓝天也是幸福，人民对美好生活的向往是我们党的奋斗目标，解决人民最关心、最直接、最现实的利益问题是执政党使命所在。人心是最大的政治。我们要积极回应人民群众所想、所盼、所急，大力推进生态文明建设，提供更多优质生态产品，不断满足人民日益增长的优美生态环境需要。

第四，把生态文明建设纳入中国特色社会主义总体布局，为解决保护生态、资源环境这一世界性难题提供了中国经验、中国方案、中国智慧。生态文明建设是关系中华民族永续发展的根本大计。生态文明建设做好了，对中国特色社会主义是加分项，对中国特色社会主义的理论优势、道路优势、制度优势、文化优势是进一步的彰显，也为人类共同应对生态资源环境方面的挑战树立榜样。人类是命运共同体，保护生态环境是全球面临的共同挑战，也是人类的共同责任。人类进入工业文明时代以来，传统工业化迅猛发展，在创造巨大物质财富的同时也加速了对自然资源的攫取，打破了地球生态系统原有的循环和平衡，造成人与自然关系紧张。从20世纪30年代开始，一些西方国家相继发生多起环境公害事件，损失巨大，震惊世界，引发了人们对资本主义发展模式的深刻反思。在人类200多年的现代化进程中，实现工业化的国家不超过30个、人口不超过10亿人。在我们这个13亿多人口的最大发展中国家推进生态文明建设，建成富强民主文明和谐美丽的社会主义现代化强国，其影响将是世界性的。

怎样完整全面把握习近平生态文明思想？

2017年10月，在党的十九大报告中，习近平总书记在第三部分“新时代中国特色社会主义思想和基本方略”阐明“十四个坚持”基本方略时，对“坚持人与自然和谐共生”这一生态文明建设的基本方略作了集中阐述；在第四部分“决胜全面建成小康社会，开启全面建设社会主义现代化国家新征程”中，根据“新时代中国特色社会主义发展的战略安排”，明确了生态文明建设的阶段性目标；在第九部分“加快生态文明体制改革，建设美丽中国”中，对新时代生态文明建设作出了全面部署。

2018年5月18日，习近平总书记在全国生态环境保护大会上发表重要讲话，全面阐述了习近平生态文明思想，成为新时代指导生态文明建设的纲领性文献。

习近平生态文明思想，首先明确了一个分两步实现的奋斗目标：第一步，“确保到2035年节约资源和保护环境的空间格局、产业结构、生产方式、生活方式总体形成，生态环境质量实现根本好转，生态环境领域国家治理体系和治理能力现代化基本实现，美丽中国目标基本实现”；第二步，“到本世纪中叶，建成富强民主文明和谐美丽的社会主义现代化强国，物质文明、政治文明、精神文明、社会文明、生态文明全面提升，绿色发展方式和生活方式全面形成，人与自然和谐共生，生态环境领域国家治理体系和治理能力现代化全面实现，建成美丽中国”。①

还明确了《关于加快推进生态文明建设的意见》《生态文明体制改革总体方案》等两项重要制度和配套的一系列改革方案：“党的十八大以来，我们通过全面深化改革，加快推进生态文明顶层设计和制度体系建设，相继出台《关于加快推进生态文明建设的意见》《生态文明体制改革总体方案》，制定了40多项涉及生态文明建设的改革方案，从总体目标、基本理念、主要原则、重点任务、制度保障等方面对生态文明建设进行全面系统部署安排。”②

集中回答了三个重大时代课题：党的十八大以来，我们党深刻回答了为什么建设生态文明、建设什么样的生态文明、怎样建设生态文明的重大理论和实践问题，提出了一系列新理念

---

①② 习近平：《推动我国生态文明建设迈上新台阶》，载《求是》2019年第3期。

新思想新战略。

阐明了四个方面的重要思想：生态文明建设是关系中华民族永续发展的根本大计；生态环境是关系党的使命宗旨的重大政治问题，也是关系民生的重大社会问题；要集中优势兵力，采取更有效的政策举措，坚决打好防范化解重大风险、精准脱贫、污染防治的攻坚战，使全面建成小康社会得到人民认可、经得起历史检验；加强党对生态文明建设的领导，全面贯彻落实党中央、国务院印发的《关于全面加强生态环境保护坚决打好污染防治攻坚战的意见》，坚决维护党中央权威和集中统一领导，坚决担负起生态文明建设的政治责任，全面贯彻落实党中央决策部署。

明确了加快建立健全生态文明五大体系：加快解决历史交汇期的生态环境问题，必须加快建立健全以生态价值观念为准则的生态文化体系，以产业生态化和生态产业化为主体的生态经济体系，以改善生态环境质量为核心的目标责任体系，以治理体系和治理能力现代化为保障的生态文明制度体系，以生态系统良性循环和环境风险有效防控为重点的生态安全体系。

概括提出新时代推进生态文明建设必须坚持的六项原则：一是坚持人与自然和谐共生；二是“绿水青山就是金山银山”；三是良好生态环境是最普惠的民生福祉；四是山水林田湖草是生命共同体；五是用最严格制度最严密法治保护生态环境；六是共谋全球生态文明建设。这六项原则构成了一个完整全面的体系，科学回答了生态文明建设中的价值取向、发展导向、民生观、系统观、法治观、全球观，是我们进行生态文明建设的根本遵循。可以说，把握好、理解好、处理好这六项原则，就掌握了习近平生态文明思想的精髓。

习近平生态文明思想是习近平新时代中国特色社会主义思想的重要组成部分，集中体现为生态兴则文明兴、生态衰则文明衰的深邃历史观，人与自然和谐共生的科学自然观，“绿水青山就是金山银山”的绿色发展观，良好生态环境是最普惠的民生福祉的基本民生观，山水林田湖草是生命共同体的整体系统观，用最严格制度保护生态环境的严密法治观，全社会共同建设美丽中国的全民行动观，共谋全球生态文明建设的全球共赢观。

为什么说“生态文明建设是关系中华民族永续发展的根本大计”？

习近平总书记指出：“生态文明建设是关系中华民族永续发展的根本大计。”[①]这是习近平生态文明思想的核心观点，深刻阐明了生态文明建设状况决定一个民族能否实现永续发展的关系，深刻揭示了生态文明建设在人类发展史中的永恒价值。

其一，人类发展活动必须尊重自然、顺应自然、保护自然，否则就会遭到大自然的报复，这个规律谁也无法抗拒。就我国来说，据史料记载，现在植被稀少的黄土高原、渭河流域、太行山脉也曾是森林遍布、山清水秀，地宜耕植、水草便畜。由

① 习近平：《推动我国生态文明建设迈上新台阶》，载《求是》2019年第3期。

于毁林开荒、乱砍滥伐，这些地方生态环境遭到严重破坏。塔克拉玛干沙漠的蔓延，湮没了盛极一时的丝绸之路。河西走廊沙漠的扩展，毁坏了敦煌古城。科尔沁、毛乌素沙地和乌兰布和沙漠的蚕食，侵占了富饶美丽的蒙古草原。楼兰古城因屯垦开荒、盲目灌溉，导致孔雀河改道而衰落。河北北部的围场，早年树海茫茫、水草丰美，但从清朝同治年间开始的开围放垦，致使千里松林几乎荡然无存，出现了几十万亩的荒山秃岭。这些深刻教训，我们一定要认真吸取。

其二，生态兴则文明兴，生态衰则文明衰。生态环境是人类生存和发展的根基，也是中华民族生存和发展的根基，生态环境变化直接影响文明兴衰演替。古埃及、古巴比伦、古印度、中国四大文明古国均发源于森林茂密、水量丰沛、田野肥沃的地区。奔腾不息的长江、黄河是中华民族的摇篮，哺育了灿烂的中华文明。而生态环境衰退特别是严重的土地荒漠化导致了古埃及、古巴比伦的衰落。我国也有过惨痛教训。一度辉煌的楼兰文明已被埋藏在万顷流沙之下，那里当年曾经是一块水草丰美之地。河西走廊、黄土高原都曾经水丰草茂，但由于毁林开荒、乱砍滥伐，生态环境遭到严重破坏，加剧了经济衰落。唐代中叶以来，我国经济中心逐步向东、向南转移，很大程度上同西部地区生态环境变化有关。要实现中华民族永续发展，就必须以史为鉴，高度重视生态文明建设。

其三，中华民族向来尊重自然、热爱自然，绵延5000多年的中华文明孕育着丰富的生态文化，人与自然和谐共生的思想源远流长。人类发展是一个由低级向高级发展的渐进演变过程，人与自然的关系始终是一对躲不开、绕不过的基本矛盾。在其发展的一定阶段，特别是现代化发展的特定阶段，必然会把生态文明建设摆到日益突出的地位，就会产生绿色发展的内在要求。绿色发展，就其要义来讲，是要解决好人与自然和谐共生的问题。人因自然而生，人与自然是一种共生关系，对自然的伤害最终会伤及人类自身。只有尊重自然规律，才能有效防止在开发利用自然上走弯路。这个道理要铭记于心、落实于行。

其四，以新发展理念为统领不断深化对社会主义现代化规律的认识，才能在新时代为中华民族永续发展打下坚实基础。我们已经走进社会主义生态文明新时代，中华民族伟大复兴正处于从站起来、富起来到强起来的伟大飞跃，我们的宏伟奋斗目标是要在本世纪中叶把我国建成富强民主文明和谐美丽的社会主义现代化强国。我们要建设的现代化是人与自然和谐共生的现代化，既要创造更多物质财富和精神财富以满足人民日益增长的美好生活需要，也要提供更多优质生态产品以满足人民日益增长的优美生态环境需要，这是顺应新时代社会主要矛盾变化的必然要求。生态文明建设功在当代、利在千秋。必须坚持节约优先、保护优先、自然恢复为主的方针，形成节约资源和保护环境的空间格局、产业结构、生产方式、生活方式，还自然以宁静、和谐、美丽。要牢固树立社会主义生态文明观，推动形成人与自然和谐发展的现代化建设新格局，为保护生态环境作出我们这代人的努力。

如何理解和坚持“人与自然和谐共生”？

坚持人与自然和谐共生，是生态文明建设的六大原则之一，也是习近平生态文明思想的重要内容，同时也是实现绿色发展应当树立的科学理念。

人与自然的关系，是人类社会最基本的关系。但认识到人与自然的关系实际上是一种和谐共生的关系，是在人类社会历史发展到一定阶段时，才达到的认识水平。

在远古时代，人类要解决生存问题，只能靠渔猎等原始手段，一切取之于自然。自然界的许多现象，人类不仅难以解释，也难以驾驭。因此，敬畏自然、崇拜自然、依靠自然，就成为当时人类与自然的基本关系。

进入工业文明时代，人类似乎一下子取得了超越自然、征服自然的能力和手段，工厂、火车、高楼大厦、电灯电话等非自然界的工业化、现代化产物充斥人类社会。从这时开始，人类不再对自然心存敬畏，无须对自然顶礼膜拜，甚至对破坏自然的种种行为也变得熟视无睹。然而，近代以来人类社会的发展反复证明，“我们不要过分陶醉于我们人类对自然界的胜利。对于每一次这样的胜利，自然界都对我们进行报复。每一次胜利，起初确实取得了我们预期的结果，但是往后和再往后却发生完全不同的、出乎预料的影响，常常把最初的结果又消除了”。①

马克思主义正确地揭示了当代人类所应当具有的生态文明观，以此来规范人与自然的关系，约束自我的行为。无论科学技术再昌明、人工智能再强大、人类社会再进步，自然界始终是人类社会产生、存在和发展的基础和前提。人类可以通过社会实践活动有目的地利用自然、改造自然，但人类归根到底是自然的一部分，人类不能盲目地凌驾于自然之上，人类的行为方式必须符合自然规律。正如习近平总书记在党的十九大报告中所指出的：“人与自然是生命共同体，人类必须尊重自然、顺应自然、保护自然。”人与自然是相互依存、相互联系的整体，对自然界不能只讲索取不讲投入、只讲利用不讲建设。保护自然环境就是保护人类，建设生态文明就是造福人类。

牢固树立人与自然和谐相处的理念，必须清醒认识到人与

① 《马克思恩格斯文集》（第9卷），人民出版社2009年版，第559—560页。

自然是生命共同体，一损俱损，一兴俱兴。当人类合理利用、友好保护自然时，自然的回报常常是慷慨的；当人类无序开发、粗暴掠夺自然时，自然的惩罚必然是无情的。人类对大自然的伤害最终会伤及人类自身，这是无法抗拒的规律。

牢固树立人与自然和谐相处的理念，必须清醒认识到生态环境没有替代品，用之不觉，失之难存。“天地与我并生，而万物与我为一”，“天不言而四时行，地不语而百物生”，“万物各得其和以生，各得其养以成”，鲜活生动的事例有很多。始建于战国时期的都江堰，距今已有2000多年历史，就是根据岷江的洪涝规律和成都平原悬江的地势特点，因势利导建设的大型生态水利工程，不仅造福当时，而且泽被后世。

牢固树立人与自然和谐相处的理念，必须清醒地认识到生态问题也是民生问题。近年来，随着社会发展和人民生活水平不断提高，人民群众对干净的水、清新的空气、安全的食品、优美的环境等要求也越来越高，生态环境在群众生活幸福指数中的地位不断凸显，环境问题日益成为重要的民生问题。老百姓过去“盼温饱”，现在“盼环保”；过去“求生存”，现在“求生态”。习近平总书记反复强调：环境就是民生，青山就是美丽，蓝天也是幸福，“绿水青山就是金山银山”；要像保护眼睛一样保护生态环境，要像对待生命一样对待生态环境。

牢固树立人与自然和谐相处的理念，必须在现代化范式上来一场自我革命。要充分认识到，社会主义现代化是人与自然和谐共生的现代化，既要创造更多物质财富和精神财富以满足人民日益增长的美好生活需要，也要提供更多优质生态产品以满足人民日益增长的优美生态环境需要。要以资源环境承载能力为基础，以自然规律为准则，以可持续发展、人与自然和谐为目标，坚定走生产发展、生活富裕、生态良好的文明发展道路，建设美丽中国。

必须坚持节约优先、保护优先、自然恢复为主的方针，牢固树立人与自然和谐相处理念，必须规范和约束我们的行为，坚定不移践行绿色发展理念。在整个发展过程中，都要坚持节约优先、保护优先、自然恢复为主的方针，形成节约资源和保护环境的空间格局、产业结构、生产方式、生活方式，不能只讲索取不讲投入，不能只讲发展不讲保护，不能只讲利用不讲修复，绝不能以牺牲生态环境为代价换取经济的一时发展。多谋打基础、利长远的善事，多干保护自然、修复生态的实事，多做治山理水、“显山露水”的好事，让群众望得见山、看得见水、记得住乡愁，让自然生态美景永驻人间，还自然以宁静、和谐、美丽。

如何理解和坚持“绿水青山就是金山银山”？

这是生态文明建设必须长期坚持的第二个重要原则，是习近平生态文明思想的重要内容，也是在实现经济高质量发展阶段必须确立的重要理念。

在现代化建设中，始终会遇到一个基本矛盾，这就是经济发展与生态保护的矛盾。在很多人看来，这个矛盾是难以协调的。要讲生态保护，就必须拿出一部分资金加大对生态保护事业的投入，就必须对一些能耗高、污染大的企业和设备进行改造或淘汰，经济效益势必会受到影响。这种现象和心态，在工业化的初始阶段和高速增长期内，是一种普遍现象，但不是不可改变的。正如习近平总书记在党的十八届五中全会第二次全体会议上所指出的：“理念是行动的先导，一定的发展实践都是由一定的发展理念来引领的。发展理念是否对头，从根本上决定着发展成效乃至成败。实践告诉我们，发展是一个不断变化的进程，发展环境不会一成不变，发展条件不会一成不变，发展理念自然也不会一成不变。”

习近平总书记生动形象地把经济发展与生态保护的关系比喻为“金山银山”和“绿水青山”的关系。要在发展方式和生活方式上来一个根本性、革命性转变，实现可持续发展、绿色发展，就必须牢固树立“绿水青山就是金山银山”的理念，彻底摒弃把经济发展与生态环境保护对立起来的错误观念。

“绿水青山”和“金山银山”绝不是对立的，关键在人，关键在思路。习近平总书记很早就用“绿水青山”和“金山银山”生动形象、入木三分地阐明了经济发展与环境保护之间的辩证关系，提出了“绿水青山就是金山银山”的重要理念，为我们建设生态文明、建设美丽中国提供了根本遵循。所谓“后发优势”在哪里？就在从“宁要金山银山，不要绿水青山”向“绿水青山就是金山银山”的理念转换之中。由于区域发展不平衡，不少地方缺乏常规条件下脱贫致富的渠道和资源，但却具有良好的生态资源优势。越是这样的地方，就越不能走传统的致富道路，更要通过改革创新，探索一条生态脱贫的新路子，通过“后发优势”实现“弯道超车”，让贫困地区的土地、劳动力、资产、自然风光等要素活起来，让资源变资产、资金变股金、农民变股东，让“绿水青山变金山银山”。

“绿水青山就是金山银山”的理念启示我们，必须解放思想、转换观念，树立新的自然观，念好强国富民的“山水经”。自然是有价值的，保护自然，就是增值自然价值和自然资本的过程，就是保护和发展生产力，理应得到合理回报和经济补偿。党的十八届三中全会提出编制自然资源资产负债表，党的十九大提出建立市场化、多元化生态补偿机制，就是要探索生态产品价值的实现方式，探索“绿水青山变成金山银山”的具体路径。

“绿水青山就是金山银山”的理念启示我们，必须解放思想、转换观念，树立新的需求观和发展观，算好强国富民的“经济账”。过去认为生产农产品、工业品、服务产品的活动才是经济活动，才是需求，才是发展。但是人类除了对农产品、工业品和服务产品有需求外，还需要生态产品，需要清新的空气、清洁的水源、舒适的环境。过去之所以没有将这些生态产品定义为产品，没有将提供生态产品的活动定义为发展，是因为在工业文明之前以及工业文明的早期，生态产品是无限供给的，是不需要付费就可以自然而然得到的。现在，能源紧张、资源短缺、生态退化、环境恶化、气候变化、灾害频发，清新空气、清洁水源、舒适环境越来越成为稀缺的产品。比如，生产农产品需要耕地，提供生态产品也需要“耕地”。生态产品的“耕地”就是森林、草原、湿地、湖泊、海洋等生态空间，只有保护好这些生态空间，才能提供更多优质生态产品。人民群众对生态产品的需要提出了新的更高要求，这就必须顺应人民群众对优美生态环境的新期待，把提供生态产品作为发展应有的内涵，为人民提供更多蓝天净水。

“绿水青山就是金山银山”的理念启示我们，必须解放思想、转换观念，追求更加科学的发展方式和生活方式，写好强国富民的“幸福篇”。生态就是财富，环境就是资源，青山就是美丽，蓝天也是幸福。生态环境问题归根结底是发展方式和生活方式问题，要从根本上解决生态环境问题，必须贯彻创新、协调、绿色、开放、共享的发展理念，加快形成节约资源和保护环境的空间格局、产业结构、生产方式、生活方式，把经济活动、人的行为限制在自然资源和生态环境能够承受的限度内，给自然生态留下休养生息的时间和空间。

如何理解和坚持“良好生态环境是最普惠的民生福祉”？

坚持良好生态环境是最普惠的民生福祉，是生态文明建设必须遵循的六项原则之一，体现了习近平生态文明思想的人民立场、人民情怀，也揭示了进行生态文明建设的出发点、立足点和归宿。

为人民创造良好生产生活环境，是中国共产党对人民的庄严承诺。民之所好好之，民之所恶恶之。当前，社会主要矛盾已经转变为人民日益增长的美好生活需要和不平衡不充分的发展之间的矛盾。人民美好生活需要日益广泛，不仅对物质文化生活提出了更高要求，而且在民主、法治、公平、正义、安全、环境等方面的要求日益增长。发展经济是为了民生，保护生态环境同样也是为了民生。既要创造更多的物质财富和精神财富以满足人民日益增长的美好生活需要，也要提供更多优质生态产品以满足人民日益增长的优美生态环境需要。

坚持良好生态环境是最普惠的民生福祉，就要在生态文明建设上贯彻落实以人民为中心的理念。要坚持生态惠民、生态利民、生态为民，重点解决损害群众健康的突出环境问题，加快改善生态环境质量，提供更多优质生态产品，努力实现社会公平正义，不断满足人民日益增长的优美生态环境需要。让良好生态环境成为人民生活的增长点、成为展现我国良好形象的发力点，让老百姓呼吸上新鲜的空气、喝上干净的水、吃上放心的食物、生活在宜居的环境，切实感受经济发展带来的环境效益，让中华大地天更蓝、山更绿、水更清、环境更优美，走向生态文明新时代。

坚持良好生态环境是最普惠的民生福祉，就要在生态文明建设中坚持群众路线，依靠人民、动员人民来进行。坚持全民共治、源头防治，持续实施大气污染防治行动，打赢蓝天保卫战。加快水污染防治，实施流域环境和近岸海域综合治理。强化土壤污染管控和修复，加强农业面源污染防治，开展农村人居环境整治行动。加强固体废弃物和垃圾处置。提高污染排放标准，强化排污者责任，健全环保信用评价、信息强制性披露、严惩重罚等制度。构建政府为主导、企业为主体、社会组织和公众共同参与的环境治理体系。积极参与全球环境治理，落实减排承诺。

坚持良好生态环境是最普惠的民生福祉，就要从改善人民群众特别是农村群众的人居环境入手。要因地制宜搞好农村人居环境综合整治，改变农村许多地方污水乱排、垃圾乱扔、秸秆乱烧的脏乱差状况，给农民一个干净整洁的生活环境。在贫困地区，移民搬迁走出了一条发展经济和生态文明建设的路子。如果大量人口集中在不能生存、不能生产的地方，也会破坏当地的生态条件，形成恶性循环。把一方水土养活不了一方人的地方的群众搬迁出来，到有利于发展的地方去发展，让原来的地方宽松一点，生态也能得到改善修复，这是一条可持续的道路。

坚持良好生态环境是最普惠的民生福祉，就要强化公民环境意识，把建设美丽中国内化为人民自觉行动。生态文明是人民群众共同参与、共同建设、共同享有的事业，每个人都是生态环境的保护者、建设者、受益者，没有哪个人是旁观者、局外人、批评家，谁也不能只说不做、置身事外。要加强生态文明宣传教育，增强全民节约意识、环保意识、生态意识，培育生态道德和行为准则，开展全民绿色行动，营造爱护生态环境的良好风气，动员全社会都以实际行动减少能源资源消耗和污染排放，为生态环境保护作出贡献。

坚持良好生态环境是最普惠的民生福祉，还要强化各级领导干部的问题意识和责任意识。绿水青山不仅是金山银山，也是人民群众健康的重要保障。对生态环境污染问题，各级党委和政府必须高度重视，要正视问题、着力解决问题，而不要去掩盖问题。群众天天生活在环境之中，对生态环境问题采取掩耳盗铃的办法是行不通的。党中央对生态环境保护高度重视，不仅制定了一系列文件、提出了明确要求，而且组织开展了环境督察，目的就是督促大家负起责任，加紧把生态环境保护工作做好。

如何理解和坚持“山水林田湖草是生命共同体”？

坚持山水林田湖草是生命共同体，也是生态文明建设必须遵循的重要原则之一，是习近平生态文明思想的重要内容，同时也是用系统理论统筹生态环境治理的有效方法。

认识到山水林田湖草是生命共同体，是人类对大自然规律认识上的一次飞跃。人类对大自然的认识，有一个由表及里、由树木到森林的发展过程。这个过程经历了漫长的岁月。直到当代，我们才彻底摆脱孤立地、片面地看问题的思维习惯，开始认识到大自然是一个相互依存、相互影响的系统。山水林田湖草是一个生命共同体。人的命脉在田，田的命脉在水，水的命脉在山，山的命脉在土，土的命脉在林和草。它们共同构成了一个生态系统，这个生命共同体是人类生存发展的物质基础。这个系统中的哪一个环节受到损害，其他环节也早晚会受到牵连。如果种树的只管种树、治水的只管治水、护田的单纯护田，很容易顾此失彼，最终造成生态的系统性破坏。

统筹山水林田湖草系统治理，归根到底是用什么样的思想方法对待自然、用什么样的方式保护修复自然的问题。要按照生态系统的整体性、系统性及其内在规律，统筹考虑自然生态各要素、山上山下、地上地下、陆地海洋以及流域上下游等，进行整体保护、系统修复、综合治理。要算大账、算长远账、算整体账、算综合账，如果因小失大、顾此失彼，最终必然对生态环境造成系统性、长期性破坏。

统筹山水林田湖草系统治理，需要把加快推进生态保护修复作为一项重点任务。生态保护修复的工程与其他工程不同，应更多地顺应自然，少一些建设，多一些保护；少一些工程干预，多借用一些自然力。历史经验证明，过度的大规模工程措施对遏制生态退化的作用往往难达预期效果，有时甚至适得其反。而一些依靠自然本身的修复能力，辅以少量人工措施的做法，往往能取得更好效果。通过划定生态圈保护区域，通过减少人类活动促进自然修复，使被割裂的生态系统逐渐连接起来，使原有的自然生态廊道恢复起来。对自然恢复也要有历史耐心，持之以恒，久久为功，不能毕其功于一役。

统筹山水林田湖草系统治理，需要着力提升生态系统质量和稳定性。要针对我国缺林少绿的国情，开展国土绿化行动，集中连片建设森林，继续推进荒漠化、石漠化、水土流失综合治理，强化湿地保护和恢复，加强地质灾害防治，为国土增添绿装，扩大退耕还林还草，恢复国土的生态功能。要针对耕地退化问题，在坚持最严格的耕地保护制度基础上，扩大轮作休耕制度试点，使超载的耕地休养生息。要优化生态安全屏障体系，构建生态廊道和生物多样性保护网络，建立全国统一的空间规划体系，完成生态保护红线、永久基本农田、城镇开发边界三条控制线划定工作，明确城镇空间、农业空间、生态空间，为各类开发建设活动提供依据。

统筹山水林田湖草系统治理，需要改革生态环境治理的体制机制。要从系统工程和全局角度寻求新的治理之道，不能再是头痛医头、脚痛医脚，各管一摊、相互掣肘，而必须统筹兼顾、整体施策、多措并举，全方位、全地域、全过程开展生态文明建设。比如，治理好水污染、保护好水环境，就需要全面统筹左右岸、上下游、陆上水上、地表地下、河流海洋、水生态水资源、污染防治与生态保护，达到系统治理的最佳效果。

统筹山水林田湖草系统治理，需要探索推进耕地轮作休耕制度。经过长期发展，我国耕地开发利用强度过大，一些地方地力严重透支，水土流失、地下水严重超采、土壤退化、面源污染加重已成为制约农业可持续发展的突出矛盾。利用现阶段国内外市场粮食供给宽裕的时机，在部分地区实行耕地轮作休耕，既有利于耕地休养生息和农业可持续发展，又有利于平衡粮食供求矛盾、稳定农民收入、减轻财政压力。实行耕地轮作休耕制度，国家可以根据财力和粮食供求状况，重点在地下水漏斗区、重金属污染区、生态严重退化地区开展试点，安排一定面积的耕地用于休耕，对休耕农民给予必要的粮食或现金补助。

统筹山水林田湖草系统治理，需要重点抓好国土绿化。森林关系国家生态安全。要着力推进国土绿化，坚持全民义务植树活动，加强重点林业工程建设，实施新一轮退耕还林。要着力提高森林质量，坚持保护优先、自然修复为主，坚持数量和质量并重、质量优先，坚持封山育林、人工造林并举。要完善天然林保护制度，宜封则封、宜造则造，宜林则林、宜灌则灌、宜草则草，实施森林质量精准提升工程。要着力开展森林城市建设，搞好城市内绿化，使城市适宜绿化的地方都绿起来。搞好城市周边绿化，充分利用不适宜耕作的土地开展绿化造林；搞好城市群绿化，扩大城市之间的生态空间。着力建设国家公园，保护自然生态系统的原真性和完整性，给子孙后代留下一些自然遗产。

如何理解和坚持“用最严格制度最严密法治保护生态环境”？

用最严格制度最严密法治保护生态环境，是生态文明建设必须坚持的六大原则之一，是习近平生态文明思想的重要内容，也是全面依法治国的必然要求。

用最严格制度最严密法治保护生态环境，势在必行。推进生态文明建设，解决资源约束趋紧、环境污染严重、生态系统退化的问题，势必会遇到各种传统观念的干扰，势必会遇到各种利益固化的藩篱的阻碍，必须采取一些硬措施，必须用最严格的制度、最严密的法治，真抓实干才能见效。

用最严格制度最严密法治保护生态环境，抓住了当前生态文明建设的短板和要害。当前，我国生态环境保护中存在的突出问题，大都与体制不完善、机制不健全、法治不完备有关。必须把制度建设作为推进生态文明建设的重中之重，加快生态文明体制改革，着力破解制约生态文明建设的体制机制障碍。习近平总书记反复强调，在生态环境保护问题上，就是要不能越雷池一步，否则就应该受到惩罚。只有实行最严格的制度、最严密的法治，才能为生态文明建设提供可靠保障。

用最严格制度最严密法治保护生态环境，需要深化生态文明体制改革，尽快把生态文明制度的四梁八柱建立起来，把生态文明建设纳入制度化、法治化轨道。由习近平总书记主持审定的《生态文明体制改革总体方案》，明确以八项制度为重点，加快建立产权清晰、多元参与、激励约束并重、系统完整的生态文明制度体系。

用最严格制度最严密法治保护生态环境，需要抓紧构建生态文明制度体系。一是构建归属清晰、权责明确、监管有效的自然资源资产产权制度，着力解决自然资源所有者不到位、所有权边界模糊等问题。二是构建以空间规划为基础、以用途管制为主要手段的国土空间开发保护制度，着力解决由无序开发、过度开发、分散开发导致的优质耕地和生态空间占用过多、生态破坏、环境污染等问题。三是构建以空间治理和空间结构优化为主要内容，全国统一、相互衔接、分级管理的空间规划体系，着力解决空间性规划重叠冲突、部门职责交叉重复、地方规划朝令夕改等问题。四是构建覆盖全面、科学规范、管理严格的资源总量管理和全面节约制度，着力解决资源使用浪费严重、利用效率不高等问题。五是构建反映市场供求和资源稀缺程度、体现自然价值和代际补偿的资源有偿使用和生态补偿制度，着力解决自然资源及其产品价格偏低、生产开发成本低于社会成本、保护生态得不到合理回报等问题。六是构建以改善环境质量为导向，监管统一、执法严明、多方参与的环境治理体系，着力解决污染防治能力弱、监管职能交叉、权责不一致、违法成本过低等问题。七是构建更多运用经济杠杆进行环境治理和生态保护的市场体系，着力解决市场主体和市场体系发育滞后、社会参与度不高等问题。八是构建充分反映资源消耗、环境损害和生态效益的生态文明绩效评价考核和责任追究制度，着力解决发展绩效评价不全面、责任落实不到位、损害责任追究缺失等问题。

用最严格制度最严密法治保护生态环境，需要实行能源和水资源消耗、建设用地等总量和强度双控行动。这就是说，既要控制总量，也要控制单位国内生产总值能源消耗、水资源消耗、建设用地的强度。“十一五”规划首次把单位国内生产总值能源消耗强度作为约束性指标，“十二五”规划提出合理控制能源消费总量。根据当前资源环境面临的严峻形势，在继续实行能源消费总量和消耗强度双控的基础上，水资源和建设用地也要实施总量和强度双控，作为约束性指标，建立目标责任制，合理分解落实。要研究建立双控的市场化机制，建立预算管理制度、有偿使用和交易制度，更多用市场手段实现双控目标。这项工作做好了，既能节约能源和水土资源，从源头上减少污染物排放，也能倒逼经济发展方式转变，提高我国经济发展绿色水平。

用最严格制度最严密法治保护生态环境，需要实行省以下环保机构监测监察执法垂直管理制度。原先实行的以块为主的地方环保管理体制，一是难以落实对地方政府及其相关部门的监督责任；二是难以解决地方保护主义对环境监测监察执法的干预；三是难以适应统筹解决跨区域、跨流域环境问题的新要求；四是难以规范和加强地方环保机构队伍建设。省以下环保机构监测监察执法垂直管理，是对我国环保管理体制的一项重大改革，有利于增强环境执法的统一性、权威性、有效性。

用最严格制度最严密法治保护生态环境，需要严格用制度管权治吏、护蓝增绿，有权必有责、有责必担当、失责必追究。一些重大生态环境事件背后，都有领导干部不负责任、不作为的问题，都有一些地方环保意识不强、履职不到位、执行不严格的问题，都有环保有关部门执法监督作用发挥不到位、强制力不够的问题。这就需要落实领导干部任期生态文明建设责任制，实行自然资源资产离任审计，认真贯彻依法依规、客观公正、科学认定、权责一致、终身追究的原则；针对决策、执行、监管中的责任，明确各级领导干部责任追究情形；对造成生态环境损害负有责任的领导干部，不论是否已调离、提拔或者退休，都必须严肃追责。要下大气力抓住破坏生态环境的反面典型，释放严加惩处的强烈信号。对破坏生态环境的行为不能手软，不能下不为例。对任何地方、任何时候、任何人，凡是需要追责的，必须一追到底。最关键的是，各级党委和政府高度重视、加强领导，纪检监察机关、组织部门和政府有关监管部门各尽其责、形成合力、追责到底，决不能让制度规定成为没有牙齿的老虎。

如何理解和实现“共谋全球生态文明建设”？

共谋全球生态文明建设，是生态文明建设必须遵循的六项原则之一，是习近平生态文明思想的重要内容，也是国内国际联动、中国世界携手共谋全球生态治理的中国担当。

共谋全球生态文明建设，既是人类社会的责任所在，也是人类社会发展进步的趋势所在。生态文明建设关乎人类未来，建设绿色家园是人类的共同梦想。保护生态环境、应对气候变化需要世界各国同舟共济、共同努力，任何一国都无法置身事外、独善其身。国际社会应该携手同行，共谋全球生态文明建设之路，牢固树立尊重自然、顺应自然、保护自然的意识，坚持走绿色、低碳、循环、可持续发展之路，探索人类可持续发展路径和治理模式。

共谋全球生态文明建设，必须加强国际合作。当前人类社会的突出问题，就是治理工业文明带来的生态资源环境问题。工业化创造了前所未有的物质财富，也产生了难以弥补的生态创伤。我们不能吃祖宗饭、断子孙路，用破坏性方式搞发展。我们应该遵循天人合一、道法自然的理念，寻求永续发展之路。我们要解决好工业文明带来的矛盾，以人与自然和谐相处为目标，实现世界的可持续发展和人的全面发展。在这方面，中国责无旁贷，将继续作出自己的贡献。同时，我们敦促发达国家承担历史性责任，兑现减排承诺，并帮助发展中国家减缓和适应气候变化。

共谋全球生态文明建设，应当坚持共同但有区别的责任原则。发达国家和发展中国家对造成气候变化的历史责任不同，发展需求和能力也存在差异。就像一场赛车一样，有的车已经跑了很远，有的车刚刚出发，这个时候用统一尺度来限制车速是不适当的，也是不公平的。发达国家在应对气候变化方面多做表率，符合《联合国气候变化框架公约》所确立的共同但有区别的责任、公平、各自能力等重要原则，也是广大发展中国家的共同心愿。坚持共同但有区别的责任等原则，不是说发展中国家就不要为全球应对气候变化作出贡献了，而是说要符合发展中国家的能力和要求。

共谋全球生态文明建设，对于思考和探索未来全球治理模式、推动建设人类命运共同体能够带来宝贵启示。一是我们应该创造一个各尽所能、合作共赢的未来。对气候变化等全球性问题，如果抱着功利主义的心态，希望多占点便宜、少承担点责任，最终将是损人不利己。应该摒弃“零和博弈”狭隘思维，推动各国尤其是发达国家多一点共享、多一点担当，实现互惠共赢。二是我们应该创造一个奉行法治、公平正义的未来。要提高国际法在全球治理中的地位和作用，确保国际规则被有效遵守和实施，坚持民主、平等、正义，建设国际法治。发达国家和发展中国家的历史责任、发展阶段、应对能力都不同，共同但有区别的责任原则不仅没有过时，而且应该得到遵守。三是我们应该创造一个包容互鉴、共同发展的未来。面对全球性挑战，各国应该加强对话，交流学习最佳实践，取长补短，在相互借鉴中实现共同发展，惠及全体人民。同时，要倡导和而不同，允许各国寻找最适合本国国情的应对之策。

共谋全球生态文明建设，全球经济治理是关键。当前形势下，全球经济治理特别要抓住以下重点：共同构建公正高效的全球金融治理格局，维护世界经济稳定大局；共同构建开放透明的全球贸易和投资治理格局，巩固多边贸易体制，释放全球经贸投资合作潜力；共同构建绿色低碳的全球能源治理格局，推动全球绿色发展合作；共同构建包容联动的全球发展治理格局，以落实联合国2030年可持续发展议程为目标，共同增进全人类福祉。全球经济治理应该以共享为目标，提倡所有人参与，所有人受益，不搞一家独大或者赢者通吃，而是寻求利益共享，实现共赢目标。

共谋全球生态文明建设，中国愿做全球生态文明建设的重要参与者、贡献者、引领者。中国已经成为世界节能和利用新能源、可再生能源第一大国。中国一直本着负责任的态度积极应对气候变化，将应对气候变化作为实现发展方式转变的重大机遇，积极探索符合中国国情的低碳发展道路。中国政府已经将应对气候变化全面融入国家经济社会发展的总战略。未来，中国将进一步加大控制温室气体排放力度，争取到2020年实现碳强度降低40%—45%的目标。中国向联合国提交了国家自主贡献，这既是着眼于促进全球气候治理，也是中国发展的内在要求，是为实现公约目标所能作出的最大努力。中国宣布建立规模为200亿元的气候变化南南合作基金，用以支持其他发展中国家。中国愿意继续承担同自身国情、发展阶段、实际能力相符的国际责任。

共谋全球生态文明建设，需要我国深度参与全球环境治理。要增强我国在全球环境治理体系中的话语权和影响力，积极引导国际秩序变革方向，形成世界环境保护和可持续发展的解决方案。我们应该共同呵护地球家园，为了我们自己，也为了子孙后代。我们应该坚持人与自然共生共存的理念，像对待生命一样对待生态环境，对自然心存敬畏，尊重自然、顺应自然、保护自然，共同保护不可替代的地球家园，共同医治生态环境的累累伤痕，共同营造和谐宜居的人类家园。

如何理解和实现“推动形成绿色发展方式和生活方式，坚定不移走生产发展、生活富裕、生态良好的文明发展道路”？

推动形成绿色发展方式和生活方式，坚定不移走生产发展、生活富裕、生态良好的文明发展道路，是生态文明建设的奋斗目标，是贯彻新发展理念的必然要求，也是习近平生态文明思想的重要内容。

习近平总书记指出，推动形成绿色发展方式和生活方式，是发展观的一场深刻革命。这就要坚持和贯彻新发展理念，正确处理经济发展和生态环境保护的关系，像保护眼睛一样保护生态环境，像对待生命一样对待生态环境，坚决摒弃损害甚至破坏生态环境的发展模式，坚决摒弃以牺牲生态环境换取一时一地经济增长的做法，让良好生态环境成为人民生活的增长点、成为经济社会持续健康发展的支撑点、成为展现我国良好形象的发力点，让中华大地天更蓝、山更绿、水更清、环境更优美。

推动形成绿色发展方式和生活方式，不可能一蹴而就。要充分认识形成绿色发展方式和生活方式的重要性、紧迫性、艰巨性，把推动形成绿色发展方式和生活方式摆在更加突出的位置，加快构建科学适度有序的国土空间布局体系、绿色循环低碳发展的产业体系、约束和激励并举的生态文明制度体系、政府企业公众共治的绿色行动体系，加快构建生态功能保障基线、环境质量安全底线、自然资源利用上线三大红线，全方位、全地域、全过程开展生态环境保护建设。

如何推动形成绿色发展方式和生活方式，坚定不移走生产发展、生活富裕、生态良好的文明发展道路？这就要扎实推进六项重点任务。

一要加快转变经济发展方式。根本改善生态环境状况，必须改变过多依赖增加物质资源消耗、过多依赖规模粗放扩张、过多依赖高能耗高排放产业的发展模式，把发展的基点放到创新上来，塑造更多依靠创新驱动、更多发挥先发优势的引领型发展。

二要加大环境污染综合治理。以解决大气、水、土壤污染等突出问题为重点，全面加强环境污染防治，持续实施大气污染防治行动计划，加强水污染防治，开展土壤污染治理和修复，加强农业面源污染治理，加大城乡环境综合整治力度。

三要加快推进生态保护修复。要坚持保护优先、自然恢复为主，深入实施山水林田湖草一体化生态保护和修复，开展大规模国土绿化行动，加快水土流失和荒漠化、石漠化综合治理。

四要全面促进资源节约集约利用。生态环境问题，归根到底是由资源过度开发、粗放利用、奢侈消费造成的。资源开发利用既要支撑当代人过上幸福生活，也要为子孙后代留下生存根基。要树立节约集约循环利用的资源观，用最少的资源环境代价取得最大的经济社会效益。

五要倡导推广绿色消费。生态文明建设同每个人息息相关，每个人都应该做践行者、推动者。要加强生态文明宣传教育，强化公民环境意识，推动形成节约适度、绿色低碳、文明健康的生活方式和消费模式，形成全社会共同参与的良好风尚。

六要完善生态文明制度体系。推动绿色发展，建设生态文明，重在建章立制，用最严格的制度、最严密的法治保护生态环境，健全自然资源资产管理体制，加强自然资源和生态环境监管，推进环境保护督察，落实生态环境损害赔偿制度，完善环境保护公众参与制度。

推动形成绿色发展方式和生活方式，还必须高度重视科技创新的作用。生态文明发展面临日益严峻的环境污染，需要依靠更多更好的科技创新建设天蓝、地绿、水清的美丽中国。要加深对自然规律的认识，自觉以对规律的认识指导行动。不仅要研究生态恢复治理防护的措施，而且要加深对生物多样性等科学规律的认识；不仅要从政策上加强管理和保护，而且要从全球变化、碳循环机理等方面加深认识，依靠科技创新破解绿色发展难题，形成人与自然和谐发展新格局。

2016年8月24日，习近平总书记在青海省考察工作时曾经讲过一段语重心长的话，深刻地阐明了加快生态文明建设、推动形成绿色发展方式和生活方式的紧迫性和可行性。他指出："我们已到了必须加大生态环境保护建设力度的时候了，也到了有能力做好这件事情的时候了。一方面，多年快速发展积累的生态环境问题已经十分突出，老百姓意见大、怨言多，生态环境破坏和污染不仅影响经济社会可持续发展，而且对人民群众健康的影响已经成为一个突出的民生问题，必须下大气力解决好。另一方面，我们也具备解决好这个问题的条件和能力了。过去由于生产力水平低，为了多产粮食不得不毁林开荒、毁草开荒、填湖造地，现在温饱问题稳定解决了，保护生态环境就应该而且必须成为发展的题中应有之义。"[①]

---

① 习近平：《习近平谈治国理政》（第二卷），外文出版社2017年版，第392页。

QUESTION
AND
ANSWER

03

理论创新篇

如何认识提出生态文明建设是中国特色社会主义认识与实践中的一次飞跃?

生态文明建设的提出，是中国共产党在社会主义建设规律上的一次飞跃，标志着社会主义现代化建设进入了文明发展的新时代。实践表明，现代化建设从单纯的工业文明发展到同时追求更高层次的生态文明，是当代人类社会进步的集中体现。人类经历了原始文明、农业文明、工业文明，生态文明是工业文明发展到一定阶段的产物，是实现人与自然和谐发展的新要求。建设生态文明，不是要放弃工业文明，回到原始的生产生活方式，而是要以资源环境承载能力为基础，以自然规律为准则，以可持续发展、人与自然和谐为目标，建设生产发展、生活富裕、生态良好的文明社会。

2019年3月5日，习近平总书记参加十三届全国人大二次会议内蒙古代表团审议时指出：在“五位一体”总体布局中生态文明建设是其中一位，在新时代坚持和发展中国特色社会主义基本方略中坚持人与自然和谐共生是其中一条基本方略，在新发展理念中绿色是其中一大理念，在三大攻坚战中污染防治是其中一大攻坚战。这“四个一”体现了我们党对生态文明建设规律的把握，体现了生态文明建设在新时代党和国家事业发展中的地位，体现了党对建设生态文明的部署和要求。

生态文明建设的提出，使建设中国特色社会主义总体布局，从经济建设、政治建设、文化建设、社会建设“四位一体”发展为经济建设、政治建设、文化建设、社会建设、生态文明建设“五位一体”。建设中国特色社会主义“五位一体”总体布局的形成，是中国特色社会主义实践发展和理论创新的重要成果，标志着我们党对社会主义建设规律的认识达到了一个新的高度。早在新中国成立前，毛泽东同志就提出，我们不但要建设一个政治上自由和经济上繁荣的中国，而且要建设一个文明先进的中国。新中国成立以后，我们党对社会主义建设规律和布局问题进行了艰辛探索，在实践的基础上，提出我国社会主义建设中“十大关系”的思想，提出我国工业布局的思想，后来又提出要实现工业、农业、国防、科学技术“四个现代化”。这些开创性的探索，推动了社会主义建设事业在中国大地上的全面展开，也奠定了我们党从总体布局的战略高度认识、推进社会主义建设事业的重要思想基础。改革开放以来，我们党对社会主义建设布局的认识进入了更加自觉的新阶段。1982年，党的十二大明确提出了全面开创社会主义现代化建设新局面的战略要求，确立了物质文明和精神文明一起抓的战略方针。1986年，党的十二届六中全会正式提出“社会主义现代化建设的总体布局”概念，确立了“以经济建设为中心，坚定不移地进行经济体制改革，坚定不移地进行政治体制改革，坚定不移地加强精神文明建设”的总体布局，并明确提出了一系列“两手抓”的战略方针。党的十五大、十六大进一步明确和重申了我国经济建设、政治建设、文化建设“三位一体”的总体布局，提出了建设中国特色社会主义经济、政治、文化的基本目标、基本纲领和基本政策，强调不断促进社会主义物质文明、政治文明、精神文明协调发展，推动社会全面进步和促进人的全面发展。党的十七大报告全面论述了经济建设、政治建设、文化建设、社会建设“四位一体”的总体布局。党的十八大把生态文明建设纳入中国特色社会主义事业总体布局，使生态文明建设的战略地位更加明确，确立了建设中国特色社会主义“五位一体”的总体布局。一次拓展就是一次理论认识的飞跃，一次拓展就是一次实践探索的接力。就像在建设中国特色社会主义这一“大棋局”上不断落子、布局，从“两个文明”到“三位一体”，再到“四位一体”“五位一体”，展现了中国特色社会主义建设实践不断丰富、日趋完善的生动历程。

生态文明建设的提出与实践，推动中国共产党关于生态文明的理论产生了新飞跃，丰富发展了马克思主义关于人与自然关系的思想。马克思、恩格斯曾设想，未来理想社会是社会生产力高度发达和人的精神生活高度发展的社会，是人与人和谐相处、人与自然和谐共生的社会。这是对未来社会发展的深邃洞察和科学预见。然而，对于如何具体地开展社会主义建设，如何建立人与人和谐相处、人与自然和谐共生的社会，他们不可能留下详尽的具体方案，只能依靠后人不懈的接力探索。在习近平生态文明思想中，坚持人与自然和谐共生的原则，同时也是新时代坚持和发展中国特色社会主义基本方略中的重要一条；作为理念变革提出的绿色发展理念，同时也是创新、协调、绿色、开放、共享新发展理念中的重要理念；作为战略部署提出的污染防治攻坚战，同时也是决胜全面建成小康社会的三大攻坚战中的一场硬仗。统筹推进建设中国特色社会主义的“五位一体”总体布局、协调推进“四个全面”战略布局，归根到底就是要走生产发展、生活富裕、生态良好的文明发展道路。生产发展，是社会进步的前提。生活富裕，不断提高整个社会的物质和精神生活水平，使社会财富得到合理分配，使全体社会成员共享发展成果，人类文明才能不断进步。生态良好，合理利用自然资源，保护和优化生态环境，坚持可持续发展，实现人与自然和谐相处，人类文明才能得到持久永续发展。统筹推进“五位一体”总体布局、协调推进“四个全面”战略布局，全面推进中国特色社会主义事业，就是要坚持以生产发展为基础，以生活富裕为目的，以生态良好为条件，努力实现社会经济系统和自然生态系统的良性循环；就是要使社会生产力特别是先进生产力不断发展，国家的经济实力和综合国力不断增强，人们生活质量和富裕程度持续提高，享有的民主权利和法制保障更加充分，精神生活和精神追求更加丰富高尚，社会更加和谐稳定和充满活力，人们在良好生态环境中生产生活。

如何深刻认识概括提出“社会主义现代化是人与自然和谐共生的现代化”的重大理论意义？

一部新中国社会主义建设史和探索史，在很大程度上就是一部围绕什么是社会主义现代化、怎样实现社会主义现代化不断进行理论创新与实践创新的历史。从“全面实现农业、工业、国防和科学技术的现代化”（1964年三届全国人大一次会议），到“把我国建设成为高度文明、高度民主的社会主义国家”（1982年党的十二大），再到“为把我国建设成为富强、民主、文明的社会主义现代化国家而奋斗”（1987年党的十三大），又到“为把我国建设成为富强民主文明和谐的社会主义现代化国家而奋斗”（2007年党的十七大），再到提出“社会主义现代化是人与自然和谐共生的现代化”，现代化目标也相应发展为“为把我国建设成为富强民主文明和谐美丽的社会主义现代化强国而奋斗”（2017年党的十九大），我们党对社会主义现代化建设目标的确定和不断与时俱进，深刻地反映了我们党对社会主义现代化认识的不断深化，同时也集中地反映了我们党对社会主义文明观认识的不断深化。

从建设社会主义的“四个现代化”到提出建设社会主义物质文明和社会主义精神文明“两手抓、两手都要硬”，是我们党在社会主义文明观认识上的一次飞跃。社会主义精神文明是社会主义社会的重要特征。物质文明为精神文明的发展提供物质条件和实践经验，精神文明又为物质文明的发展提供精神动力和智力支持，为它的正确发展方向提供有力的思想保证。社会主义精神文明建设，是关系社会主义兴衰成败的大事。正如习近平总书记2013年8月19日在全国宣传思想工作会议上所指出的：“党的群众基础和执政基础包括物质和精神两方面。精神上丧失群众基础，最后也要出问题。只有物质文明建设和精神文明建设都搞好，国家物质力量和精神力量都增强，全国各族人民物质生活和精神生活都改善，中国特色社会主义事业才能顺利向前推进。”

社会主义物质文明建设、精神文明建设，以及社会主义民主政治建设、社会建设，重点解决的都是如何实现经济社会全面进步、人的全面发展问题。与此同时，随着社会主义现代化建设的迅速发展，随着改革开放的日益深化，能否实现人与自然和谐共生的问题日益凸显，生态文明建设的战略地位迅速上升。这种情况推动着我们党在党的十八大和十九大前后，在社会主义文明观认识上产生了又一次飞跃。其标志，一是在党的十九大报告中提出，“我们要建设的现代化是人与自然和谐共生的现代化，既要创造更多物质财富和精神财富以满足人民日益增长的美好生活需要，也要提供更多优质生态产品以满足人民日益增长的优美生态环境需要”；二是在党的十九大报告中将本世纪中叶要达到的社会主义现代化目标确定为“把我国建成富强民主文明和谐美丽的社会主义现代化强国”，并作出一系列战略安排和部署。

我们党在社会主义文明观认识上的两次飞跃，源自社会主义现代化建设上的实践创新。第一次飞跃，开始于党的十一届三中全会伟大历史性转折。这次全会彻底摒弃“以阶级斗争为纲”的错误指导思想，重新确立实事求是的思想路线和以经济建设为中心的政治路线。这一伟大历史性转折产生了具有深远历史意义和深远影响的思想成果，是“建设有中国特色的社会主义”科学命题的正式提出。第二次飞跃，产生于中国特色社会主义进入新时代的关键时刻，一个重要标志是社会主要矛盾发生重要变化，实现创新发展、协调发展、绿色发展、开放发展、共享发展的新发展理念成为决胜全面建成小康社会进而踏上全面建设社会主义现代化新征程的关键，从而推动我们党深化对社会主义现代化建设的规律性认识，概括提出了“社会主义现代化是人与自然和谐共生的现代化”的科学论断。这对于坚定走生产发展、生活富裕、生态良好的文明发展道路，推进中华民族从站起来、富起来走向强起来的伟大飞跃，具有十分重要的意义。我们要牢固树立社会主义生态文明观，推动形成人与自然和谐发展的现代化建设新格局，为实现中华民族永续发展作出我们的贡献。

习近平生态文明思想从哪些方面丰富发展了马克思主义生态文明思想？

2018年5月4日，习近平总书记在纪念马克思诞辰200周年大会上的讲话中指出："学习马克思，就要学习和实践马克思主义关于人与自然关系的思想。马克思认为，'人靠自然界生活'，自然不仅给人类提供了生活资料来源，如肥沃的土地、渔产丰富的江河湖海等，而且给人类提供了生产资料来源。自然物构成人类生存的自然条件，人类在同自然的互动中生产、生活、发展，人类善待自然，自然也会馈赠人类，但'如果说人靠科学和创造性天才征服了自然力，那么自然力也对人进行报复'。自然是生命之母，人与自然是生命共同体，人类必须敬畏自然、尊重自然、顺应自然、保护自然。我们要坚持人与自然和谐共生，牢固树立和切实践行

‘绿水青山就是金山银山’的理念，动员全社会力量推进生态文明建设，共建美丽中国，让人民群众在绿水青山中共享自然之美、生命之美、生活之美，走出一条生产发展、生活富裕、生态良好的文明发展道路。”[①]

以上这段话，实际上揭示了习近平生态文明思想从哪些方面丰富发展了马克思主义生态文明思想。这里需要指出的是，理论的源泉是实践，理论的发展也离不开实践。在马克思主义经典作家生活的年代，生态文明建设方面的正反两方面实践，远没有当代这样丰富。更何况，对于社会主义条件下的生态文明建设，那时还缺乏实践，不可能作出详尽的研究和论述。因此，我们在学习马克思主义经典作家有关生态文明的论述时，一方面为他们的远见卓识所折服；另一方面在不苛责前人的同时，又需要立足于当代的新问题新实践新发展，用发展的眼光看问题。这才是马克思主义最基本的立场、观点和方法。

第一，习近平生态文明思想丰富发展了马克思主义经典作家关于“人靠自然界生活”“人是自然界的一部分”的思想，提出“人与自然是生命共同体”“人类必须敬畏自然、尊重自然、顺应自然、保护自然”“要像保护眼睛一样保护生态环境，像对待生命一样对待生态环境”等重要思想。

第二，习近平生态文明思想丰富发展了马克思主义经典作

---

① 习近平：《在纪念马克思诞辰200周年大会上的讲话》，载《人民日报》2018年5月5日。

家关于人不是简单地适应自然、人可以按照美的规律改造大自然的思想，提出建设美丽中国的构想和目标，加快构建生态文明体系，让群众望得见山、看得见水、记得住乡愁，让自然生态美景永驻人间，还自然以宁静、和谐、美丽。

第三，习近平生态文明思想丰富发展了马克思主义经典作家关于只有在社会主义制度下才能真正做到保护生态、保护自然的思想，提出要充分发挥中国特色社会主义的制度优势，坚持节约资源和保护环境的基本国策，坚定走生产发展、生活富裕、生态良好的文明发展道路，加快建设资源节约型、环境友好型社会，推进美丽中国建设，为全球生态安全作出新贡献。

第四，习近平生态文明思想还根据时代变化、实践发展对马克思主义生态文明思想作出了原创性的贡献。如提出建设中国特色社会主义“五位一体”总体布局和把我国建成富强民主文明和谐美丽的社会主义现代化强国的总目标；提出创新、协调、绿色、开放、共享的新发展理念；提出生态文明建设是关系中华民族永续发展的根本大计，“生态兴则文明兴，生态衰则文明衰”；提出生态环境是关系党的使命宗旨的重大政治问题，也是关系民生的重大社会问题，要把解决突出生态环境问题作为民生优先领域；提出随着我国社会主要矛盾转化为人民日益增长的美好生活需要和不平衡不充分的发展之间的矛盾，人民群众对优美生态环境的需要已经成为这一矛盾的重要方面；提出新时代推进生态文明建设必须坚持的六项原则；提出生态环境问题归根结底是发展方式和生活方式问题，要加快形成节约资源和保护环境的空间格局、产业结构、生产方式、生活方式；提出绿水青山既是自然财富、生态财富，又是社会财富、经济财富，保护生态环境就是保护生产力、改善生态环境就是发展生产力，要走实现发展和保护协同共生的新路径；提出人类是命运共同体，保护生态环境是全球面临的共同挑战和共同责任，要共谋全球生态文明建设；提出要切实加强生态文明制度建设，切实加强党对生态文明建设的领导。

总之，习近平生态文明思想对马克思主义生态文明思想的丰富发展是全方位的，许多新思想新论断新举措是独创性的。

习近平生态文明思想对社会主义现代化理论有哪些创新发展？

前面已经说过，我们党对社会主义现代化的认识，是同对社会主义事业总体布局的认识紧密联系的。从当年的“四个现代化”发展到“两个文明”一起抓，到建设中国特色社会主义“三位一体”“四位一体”，再到今天的“五位一体”，这本身既是对总体布局的认识深化和发展，也是对社会主义现代化内涵的认识深化和发展，更体现了习近平生态文明思想的创立对社会主义现代化理论的创新发展。

第一，提升了统筹人与自然关系在社会主义现代化中的战略地位。实现现代化的过程，从根本上说，不是人类征服自然的过程，而是在工业文明和信息革命的更高起点上重建人与自然和谐相处关系的过程。生态环境是人类生存和发展的根基，生态环境变化直接影响文明兴衰演替。人类在同自然的互动中生产、生活、发展，人类善待自然，自然也会馈赠人类；但如果说人靠科学和创造性天才征服了自然力，那么自然力也对人进行报复。这种人与自然的关系，无论何时也不会改变。因此，必须牢固树立人与自然是生命共同体的意识，牢固树立社会主义现代化是人与自然和谐共生的现代化的新观念，坚定走生产发展、生活富裕、生态良好的文明发展道路。

第二，提升了统筹经济发展与生态保护关系在社会主义现代化中的战略地位。实现现代化，离不开经济发展，离不开物质财富的极大丰富。特别是对于后发国家实现国家富强、人民富裕的目标来说，一定阶段的高速度增长具有决定性意义。但是，从更长远的眼光看问题，社会主义现代化必须是全面发展的现代化，只顾经济增长，不顾精神文明建设、生态文明建设，只能是一种畸形的现代化，最终会偏离社会主义方向。“绿水青山就是金山银山”，是思想观念上的一个根本性转变，为我们处理好经济发展和生态环境保护的关系指明了方向，找到了出路。生态环境问题归根结底是发展方式和生活方式问题，要从根本上解决生态环境问题，必须贯彻创新、协调、绿色、开放、共享的发展理念，加快形成节约资源和保护环境的空间格局、产业结构、生产方式、生活方式，把经济活动、人的行为限制在自然资源和生态环境能够承受的限度内，给自然生态留下休养生息的时间和空间。在资源利用方面，不仅要考虑人类和当代人的需要，也要考虑大自然和后人的需要，把握好自然资源开发利用的度，不要突破自然资源承载能力。

第三，提升了统筹环境治理与民生保障关系在社会主义现代化中的重要地位。最大限度地满足人民需要，最大限度地实现共同富裕，是社会主义现代化事业的出发点和归宿。在很长一段时间里，由于物质财富和物质资料的匮乏，人们把主要精力放在经济发展上，全力促进经济的高速度增长，这是可以理解的。但从长远眼光看问题，发展经济是为了民生，保护生态环境同样也是为了民生。生态环境是关系党的使命宗旨的重大政治问题，也是关系民生的重大社会问题。绝不能以生态破坏为代价，换取经济的一时发展。建设美丽中国是中华民族伟大复兴最美好的愿景，良好生态环境是增强人民获得感幸福感的最普惠的民生福祉。

第四，提升了统筹生态文明制度建设在国家治理体系和治理能力现代化中的战略地位。自党的十八届三中全会作出全面深化改革的决定以来，一场前所未有的深刻的体制机制变革正在华夏大地上展开。全面深化改革的总目标是完善和发展中国特色社会主义制度，推进国家治理体系和治理能力现代化。在全面深化改革的四梁八柱里，生态文明制度建设与改革，占有极其重要的地位。这是一件具有标志性意义的大事，是以往的历次改革中所没有的。这说明，生态文明制度建设已经成为国家治理体系和治理能力现代化的战略性安排。党的十八届三中全会决定提出：“紧紧围绕建设美丽中国深化生态文明体制改革，加快建立生态文明制度，健全国土空间开发、资源节约利用、生态环境保护的体制机制，推动形成人与自然和谐发展现代化建设新格局。”如果这一目标实现了，中华民族永续发展的问题就有了根本的制度保障，就能在实现中华民族伟大复兴中国梦的进程中得到根本解决。

第五，打破了对西方发达国家在生态环境问题上“先污染后治理”的路径依赖，为广大发展中国家创造了生态文明建设与经济社会发展并举的现代化建设成功之路。在西方发达国家的现代化发展史上，其“黄金增长期”常是以生态资源环境的破坏为代价的。伴随着这一发展史，兼有资本的海外扩张史，更是以落后国家的生态资源环境的破坏为代价。进入20世纪70年代，随着罗马俱乐部关于增长的极限报告的提出，可持续发展问题与生态保护生态治理问题一起，日益成为人类所共同面对的重大发展问题。但是，长此以往，广大发展中国家已经形成了对西方发达国家在现代化进程中“先污染后治理”的路径依赖，陷入了“先污染难以避免，后治理举步维艰”的两难境地。如何破解这一难题？中国在坚定走生产发展、生活富裕、生态良好的文明发展道路上积累的成功经验，为广大发展中国家指明了出路。正如2015年11月30日国家主席习近平在巴黎气候变化大会开幕式上的讲话中所指出的：过去几十年来，中国经济快速发展，人民生活发生了深刻变化，但也承担了资源环境方面的代价。鉴往知来，中国正在大力推进生态文明建设，推动绿色循环低碳发展。中国把应对气候变化融入国家经济社会发展中长期规划，坚持减缓和适应气候变化并重，通过法律、行政、技术、市场等多种手段，全力推进各项工作。中华文明历来强调天人合一、尊重自然。面向未来，中国将把生态文明建设作为“十三五”规划重要内容，落实创新、协调、绿色、开放、共享的发展理念，通过科技创新和体制机制创新，实施优化产业结构、构建低碳能源体系、发展绿色建筑和低碳交通、建立全国碳排放交易市场等一系列政策措施，形成人与自然和谐发展的现代化建设新格局。

在这次巴黎气候变化大会上，习近平主席还代表中国政府庄严宣布：中国已在2015年9月宣布设立200亿元人民币的中国气候变化南南合作基金，并将于2016年启动在发展中国家开展10个低碳示范区、100个减缓和适应气候变化项目及1000个应对气候变化培训名额的合作项目，继续推进清洁能源、防灾减灾、生态保护、气候适应型农业、低碳智慧型城市建设等领域的国际合作，并帮助他们提高融资能力。这为广大发展中国家带来了希望。

如何认识习近平生态文明思想在发展理念上的重大理论贡献?

习近平生态文明思想在发展理念上的最大贡献，就是提出绿色发展，同创新发展、协调发展、开放发展、共享发展一道，形成了新发展理念，为在新时代切实解决好变化了的我国社会主要矛盾，把我国建成富强民主文明和谐美丽的社会主义现代化强国指明了正确方向。

面对我国社会主要矛盾的新变化新特点，我国经济社会发展中出现的新趋势新挑战，人民群众需求的新要求新期盼，我们需要在发展理念上来一场自我革命，确立新的发展理念，用新的发展理念引领发展行动。发展理念是发展行动的先导，是管全局、管根本、管方向、管长远的东西，是发展思路、发展方向、发展着力点的集中体现。发展理念搞对了，目标任务就好定了，政策举措也就跟着好定了。正是在这样的背景下，习近平总书记概括提出了创新、协调、绿色、开放、共享的发展理念。这五大发展理念，是“十三五”乃至更长时期我国发展思路、发展方向、发展着力点的集中体现，也是改革开放40年来我国发展经验的集中体现，反映出我们党对我国发展规律的新认识。在这五大发展理念中，绿色发展理念是一大亮点，它的提出，与习近平生态文明思想息息相关。

习近平生态文明思想在发展理念上的重要贡献，主要体现在以下几方面。

第一，习近平生态文明思想催生了绿色发展理念。绿色发展注重的是解决人与自然和谐问题。人类进入工业文明时代以来，传统工业化迅猛发展，在创造巨大物质财富的同时也加速了对自然资源的攫取，打破了地球生态系统原有的循环和平衡，造成人与自然关系紧张。进入21世纪，各国经济社会发展趋势表明，那种拼资源、拼能耗、高污染的发展道路弊端极多，难以继续下去。而绿色循环低碳发展，是当今时代科技革命和产业变革的方向，是最有前途的发展领域，我国在这方面的潜力相当大，可以形成很多新的经济增长点。我国资源约束趋紧、环境污染严重、生态系统退化的问题十分严峻，人民群众对清新空气、干净饮水、安全食品、优美环境的要求越来越强烈。为此，我们必须贯彻落实绿色发展理念，坚持节约资源和保护环境的基本国策，坚定走生产发展、生活富裕、生态良好的文明发展道路。

第二，习近平生态文明思想拓展了创新发展理念。创新发展注重的是解决发展动力问题。长期以来，我国保持两位数的高速增长，主要是靠投资、出口、消费来拉动，在一定程度上形成了路径依赖。与此同时，科技发展水平总体不高，科技对经济社会发展的支撑能力不足，科技对经济增长的贡献率远低于发达国家水平，成为我国这个经济大个头的“阿喀琉斯之踵”。动力转换势在必行。只有依靠创新发展完成动力转换，才能实现经济发展从高速度增长向高质量发展的转变，才能实现从高投入、高污染、高能耗的粗放式发展轨道向生产发展、生活富裕、生态良好的文明发展道路的转变。反之亦然。根本改善生态环境状况，必须改变过多依赖增加物质资源消耗、过多依赖规模粗放扩张、过多依赖高能耗高排放产业的发展模式，把发展的基点放到创新上来，塑造更多依靠创新驱动、更多发挥先发优势的引领型发展。可以说，坚持创新发展，是我们党分析近代以来世界发展历程特别是总结我国改革开放成功实践得出的结论，是指引我们应对发展环境变化、增强发展动力、把握发展主动权，更好引领新常态的根本之策。

第三，习近平生态文明思想丰富了协调发展理念。协调发展注重的是解决发展不平衡问题。在经济发展水平落后的情况下，一段时间的主要任务是要跑得快，但跑过一定路程后，就要注意调整关系，注重发展的整体效能，否则“木桶”效应就会愈加显现，一系列社会矛盾会不断加深。在解决协调发展的问题上，很重要的工作是如何缩小东、中、西部等地区的发展差距，缩小城乡之间的发展差距。靠产业转移政策能解决一部分问题，但也要防止内陆地区和广大农村走“高污染、高能耗”的老路。正如习近平总书记2015年8月24日在中央第六次西藏工作座谈会上指出的：青藏高原是“世界屋脊”“中华水塔”“地球第三极”，保护好青藏高原生态就是对中华民族生存和发展的最大贡献。如果把青藏高原生态破坏了，生产总值再多也没有什么意义。青藏高原生态十分脆弱，开发和保护、建设和吃饭的两难问题始终存在。在这个问题上，一定要算大账、算长远账，坚持生态保护第一，绝不能以牺牲生态环境为代价发展经济。

第四，习近平生态文明思想践行了开放发展理念。开放发展注重的是解决发展内外联动问题。国际经济合作和竞争局面正在发生深刻变化，全球经济治理体系和规则正在面临重大调整，“引进来”“走出去”在深度、广度、节奏上都是过去所不可比拟的，应对外部经济风险、维护国家经济安全的压力也是过去所不能比拟的。中国打开的大门决不会重新关闭，只能越开越大。这种开放是全方位、全天候的，既包括经济上的对外开放合作，也包括文化上的开放合作，更包括生态文明建设上的开放合作。习近平总书记提出构建人类命运共同体思想的同时，在生态文明建设上提出了共谋全球生态文明建设的目标。国家主席习近平2015年9月28日在参加第七十届联合国大会一般性辩论时指出：建设生态文明关乎人类未来。国际社会应该携手同行，共谋全球生态文明建设之路，牢固树立尊重自然、顺应自然、保护自然的意识，坚持走绿色、低碳、循环、可持续发展之路。

第五，习近平生态文明思想贯穿了共享发展理念。共享发展理念，实质就是坚持以人民为中心的发展思想，体现了逐步实现共同富裕的要求，体现了我们党全心全意为人民服务的根本宗旨，体现了人民是推动发展的根本力量的唯物史观。经济发展是关系民生的重大问题，生态环境也是关系民生的重大社会问题。当前，打好如期脱贫攻坚战，是贯彻落实共享发展理念的重要工作。习近平总书记2015年11月27日在中央扶贫开发工作会议上指出：现在，许多贫困地区一说穷，就说穷在了山高沟深偏远。其实，不妨换个角度看，这些地方要想富，恰恰要在山水上做文章。要通过改革创新，让贫困地区的土地、劳动力、资产、自然风光等要素活起来，让资源变资产、资金变股金、农民变股东，让“绿水青山变金山银山”，带动贫困人口增收。我国现有1392个AAAAA和AAAA级旅游风景名胜区，60%以上分布在中西部地区，70%以上的景区周边集中分布着大量贫困村。不少地方通过发展旅游扶贫、搞绿色种养，找到一条建设生态文明和发展经济相得益彰的脱贫致富路子，正所谓思路一变天地宽。

以上分析再一次证明，创新、协调、绿色、开放、共享这五大发展理念是一个相互支撑、相互联系、相互影响的大系统。坚持创新发展、协调发展、绿色发展、开放发展、共享发展，是关系我国发展全局的一场深刻变革。对新发展理念要完整把握、统一贯彻，不能顾此失彼，也不能相互替代。哪一个发展理念贯彻不到位，发展进程都会受到影响。

如何认识习近平生态文明思想在人与自然关系上的重大理论贡献?

前面谈到，人与自然的关系，是人类社会最基本的关系。然而，人们在人与自然关系上得出正确的合乎客观规律的认识，则经历了漫长的历程。习近平生态文明思想在继承发展马克思主义生态文明思想的基础上，进一步阐述了人与自然和谐共生的关系，标志着我们在对生态文明发展规律的认识上达到了一个新高度。

习近平生态文明思想在以下几方面回答了怎样看待人与自然的关系，如何正确处理人与自然的关系，对我们全面认识人与自然的关系具有重要的指导作用。

第一，人与自然是生命共同体。建设生态文明，首先要从改变自然、征服自然转向调整人的行为、纠正人的错误行为。要做到人与自然和谐，天人合一。习近平总书记指出："绿色发展是生态文明建设的必然要求，代表了当今科技和产业变革方向，是最有前途的发展领域。人类发展活动必须尊重自然、顺应自然、保护自然，否则就会受到大自然的报复。这个规律谁也无法抗拒。要加深对自然规律的认识，自觉以对规律的认识指导行动。不仅要研究生态恢复治理防护的措施，而且要加深对生物多样性等科学规律的认识；不仅要从政策上加强管理和保护，而且要从全球变化、碳循环机理等方面加深认识，依靠科技创新破解绿色发展难题，形成人与自然和谐发展新格局。"①

第二，人类的行为方式必须符合自然规律。2012年12月7—11日，习近平总书记在广东考察时指出：人类的认识是螺旋式上升的。很多国家，包括一些发达国家，在发展过程中把生态环境破坏了，搞起一堆东西，最后一看都是一些破坏性的东西。再补回去，成本比当初创造的财富还要多。特别是有些地方，像重金属污染区，水被污染了，土壤被污染了，到了积重难返的地步。要实现永续发展，必须抓好生态文明建设。我们建设现代化国家，走美欧老路是走不通的，再有几个地球也不够中国人消耗。中国现代化是绝无仅有、史无前例、空前伟大的。现在全世界发达国家人口总数不到13亿，中国实现了现代

① 习近平：《习近平谈治国理政》（第二卷），外文出版社2017年版，第272页。

化，就会把这个人口数量提升一倍以上，走老路，去消耗资源，去污染环境，难以为继！

第三，保护自然环境就是保护人类，建设生态文明就是造福人类。单纯依靠财政刺激政策和非常规货币政策的增长不可持续，建立在过度资源消耗和环境污染基础上的增长得不偿失。我们既要创新发展思路，也要创新发展手段。要打破旧的思维定式和条条框框，坚持绿色发展、循环发展、低碳发展。习近平总书记指出：生态环境没有替代品，用之不觉，失之难存。

第四，“绿水青山”和“金山银山”的关系绝不是对立的。自然是有价值的，保护自然，就是增值自然价值和自然资本的过程，理应得到合理回报和经济补偿。习近平总书记2013年4月10日在海南考察工作时指出：“纵观世界发展史，保护生态环境就是保护生产力，改善生态环境就是发展生产力。良好生态环境是最公平的公共产品，是最普惠的民生福祉。对人的生存来说，金山银山固然重要，但绿水青山是人民幸福生活的重要内容，是金钱不能代替的。你挣到了钱，但空气、饮用水都不合格，哪有什么幸福可言。”

第五，要提供更多优质生态产品以满足人民日益增长的优美生态环境需要。习近平总书记在中共十八届中央政治局第四十一次集体学习时强调：推动形成绿色发展方式和生活方式，是发展观的一场深刻革命。这就要坚持和贯彻新发展理念，正确处理经济发展和生态环境保护的关系，像保护眼睛一样保护生态环境，像对待生命一样对待生态环境，坚决摒弃损害甚至破坏生态环境的发展模式，坚决摒弃以牺牲生态环境换取一时一地经济增长的做法，让良好生态环境成为人民生活的增长点、成为经济社会持续健康发展的支撑点、成为展现我国良好形象的发力点，让中华大地天更蓝、山更绿、水更清、环境更优美。

如何认识习近平生态文明思想在解决民生问题上的重大理论贡献？

习近平生态文明思想，把以人民为中心的发展思想贯穿到生态环境保护之中，第一次将生态文明建设同民生问题紧密联系在一起，提出“良好生态环境是最普惠的民生福祉”的重要论断，把生态文明建设既看作是关系党的使命宗旨的重大政治问题，也看作是关系民生的重大社会问题。这既是生态文明观的重要理论突破，也是以人民为中心的发展观的重要理论突破。

第一，习近平生态文明思想科学分析了新时代人民群众对生态文明建设的热切期盼。习近平总书记在中共十八届中央政治局第六次集体学习时指出：人民群众对环境问题高度关注，可以说生态环境在群众生活幸福指数中的地位必然会不断凸显。

随着经济社会发展和人民生活水平不断提高，环境问题往往最容易引起群众不满，处理不好也往往最容易引发群体性事件。生态环境问题，归根到底是资源过度开发、粗放利用、奢侈消费造成的。资源开发利用既要支撑当代人过上幸福生活，也要为子孙后代留下生存根基。要树立节约集约循环利用的资源观，用最少的资源环境代价取得最大的经济社会效益。我们要利用倒逼机制，顺势而为，把生态文明建设放到更加突出的位置。这也是民意所在。相较于对国内生产总值增长速度的不满，人民群众对生态环境不好的不满更多。所以，环境保护和治理要以解决损害群众健康的突出环境问题为重点，坚持预防为主、综合治理，强化水、大气、土壤等污染防治，着力推进重点流域和区域水污染防治，着力推进重点行业和重点区域大气污染治理，着力推进颗粒物污染防治，着力推进重金属污染和土壤污染综合治理，集中力量优先解决好细颗粒物（PM2.5）、饮用水、土壤、重金属、化学品等损害群众健康的突出环境问题。对破坏生态环境、大量消耗污染、严重影响人民群众身体健康的企业，要坚决关闭淘汰。如果破坏生态环境，即使是有需求的产能也要关停，特别是群众意见很大的污染产能更要“一锅端”。

第二，习近平生态文明思想指明了满足人民群众对优美生态环境需求的正确道路。建设生态文明，关系人民福祉，关乎民族未来。让良好生态环境成为人民生活的增长点、成为经济社会持续健康发展的支撑点、成为展现我国良好形象的发力点。2015年4月3日，习近平总书记在参加首都义务植树活动时强调指出：中国在植树造林方面为人类作出了重要贡献。同时，我们也要看到，与全面建成小康社会奋斗目标相比，与人民群众对优美生态环境的期盼相比，生态欠债依然很大，环境问题依然严峻，缺林少绿依然是一个迫切需要解决的重大现实问题。我们必须强化绿色意识，加强生态恢复、生态保护。要积极调整产业结构，从见缝插绿、建设每一块绿地做起，从爱惜每滴水、节约每粒粮食做起，身体力行推动资源节约型、环境友好型社会建设，推动人与自然和谐发展，努力走向社会主义生态文明新时代。

第三，习近平生态文明思想提出了增进最普惠的民生福祉的有效途径。习近平总书记2016年4月5日在参加首都义务植树活动时强调指出："从党的十八大到十八届五中全会，包括今年通过的'十三五'规划纲要，都强调要加强生态文明建设。现在，生态文明建设已经深入人心。义务植树是全民参与生态文明建设的一项重要活动。不仅要把全民义务植树抓好，生态文明建设各项工作都要抓好，动员全社会参与。"植树造林是实现天蓝、地绿、水净的重要途径，是最普惠的民生工程。要坚持全国动员、全民动手植树造林，努力把建设美丽中国化为人民自觉行动。要推动能源消费革命，不仅要成为政府、产业部门、企业的自觉行动，而且要成为全社会的自觉行动。改革开放以来，人民生活水平大幅度提高，同时奢靡浪费之风也开始刮起来了。对这种奢侈炫耀、浪费无度的消费行为要进行制止。要在全社会牢固树立勤俭节约的消费观，树立节能就是增加资源、减少污染、造福人类的理念，努力形成勤俭节约的良好风尚。

第四，习近平生态文明思想搭建了实现人人参与生态文明建设、人人享有生态文明建设成果体制机制平台。习近平总书记2013年4月2日在参加首都义务植树活动时指出：全社会都要按照党的十八大提出的建设美丽中国的要求，切实增强生态意识，切实加强生态环境保护，把我国建设成为生态环境良好的国家。要加强生态文明宣传教育，增强全民节约意识、环保意识、生态意识，营造爱护生态环境的良好风气。我国历来就有在清明节前后植树的传统。全民义务植树的一个重要意义，就是让大家都树立生态文明的意识，形成推动生态文明建设的共识和合力。绿化祖国，改善生态，人人有责。要组织全社会特别是广大青少年通过参加植树活动，亲近自然、了解自然、保护自然，培养热爱自然、珍爱生命的生态意识，学习体验绿色发展理念。前人种树后人乘凉，我们每个人都是乘凉者，但更要做种树者。要为人民群众提供更多优质生态产品，让人民群众共享生态文明建设成果。

第五，习近平生态文明思想倡导了人民群众自主建设共有家园、建设美丽中国的时代精神。最为典型的例证，就是习近平总书记对塞罕坝精神的总结和提倡。习近平总书记指出：55年来，河北塞罕坝林场的建设者们听从党的召唤，在“黄沙遮天日，飞鸟无栖树”的荒漠沙地上艰苦奋斗、甘于奉献，创造了荒原变林海的人间奇迹，用实际行动诠释了“绿水青山就是金山银山”的理念，铸就了牢记使命、艰苦创业、绿色发展的塞罕坝精神。他们的事迹感人至深，是推进生态文明建设的一个生动范例。全党全社会要坚持绿色发展理念，弘扬塞罕坝精神，持之以恒推进生态文明建设，一代接着一代干，驰而不息，久久为功，努力形成人与自然和谐发展新格局，把我们伟大的祖国建设得更加美丽，为子孙后代留下天更蓝、山更绿、水更清的优美环境。

如何认识习近平生态文明思想在构建中国特色社会主义生态文明法治体系上的重大理论贡献？

习近平生态文明思想的创立，在中国特色社会主义生态文明法治建设史上，是一个重要的发展里程碑。它标志着中国特色社会主义生态文明法治建设进入了更加自觉、更加系统、更加持续稳定的新时代。

第一，在全面深化改革总体部署下，明确了生态文明制度建设的顶层设计和总体框架。在顶层设计上，提出要紧紧围绕建设美丽中国深化生态文明体制改革，加快建立生态文明制度，健全国土空间开发、资源节约利用、生态环境保护的体制机制，推动形成人与自然和谐发展的现代化建设新格局。还提出，建设生态文明，必须建立系统完整的生态文明制度体系，实行最严格的源头保护制度、损害赔偿制度、责任追究制度，完善环境治理和生态修复制度，用制度保护生态环境。在总体制度框架上，提出要建立健全国家制度：健全自然资源资产产权制度和用途管制制度；健全国家自然资源资产管理体制；实施主体功能区制度，建立国土空间开发保护制度；建立国家公园体制；建立资源环境承载能力监测预警机制；探索编制自然资源资产负债表；建立生态环境损害责任终身追究制；实行资源有偿使用制度和生态补偿制度；建立有效调节工业用地和居住用地合理比价机制；完善对重点生态功能区的生态补偿机制，推动地区间建立横向生态补偿制度；发展环保市场，推行节能量、碳排放权、排污权、水权交易制度；建立和完善严格监管所有污染物排放的环境保护管理制度；建立陆海统筹的生态系统保护修复和污染防治区域联动机制；健全国有林区经营管理体制，完善集体林权制度改革；及时公布环境信息，健全举报制度，加强社会监督。

第二，在全面依法治国总体部署下，明确了生态文明法治建设的顶层设计和总体框架。全面阐明了全面依法治国对于加强“五位一体”建设的重要意义，指出：面对新形势新任务，我们党要更好统筹国内国际两个大局，更好维护和运用我国发展的重要战略机遇期，更好统筹社会力量、平衡社会利益、调节社会关系、规范社会行为，使我国社会在深刻变革中既生机勃勃又井然有序，实现经济发展、政治清明、文化昌盛、社会公正、生态良好，实现我国和平发展的战略目标，必须更好发挥法治的引领和规范作用。明确提出用严格的法律制度保护生态环境，加快建立有效约束开发行为和促进绿色发展、循环发展、低碳发展的生态文明法律制度，强化生产者环境保护的法律责任，大幅度提高违法成本。建立健全自然资源产权法律制度，完善国土空间开发保护方面的法律制度，制定完善生态补偿和土壤、水、大气污染防治及海洋生态环境保护等法律法规，促进生态文明建设。

第三，成功进行生态文明领导机构和督察执法体制改革，为生态文明整治和执法安上了高压线。我国生态环境保护中存在的一些突出问题，一定程度上与体制不健全有关，原因之一是全民所有自然资源资产的所有权人不到位，所有权人权益不落实。针对这一问题，党和国家提出健全国家自然资源资产管理体制的要求。总的思路是按照所有者和管理者分开和一件事由一个部门管理的原则，落实全民所有自然资源资产所有权，建立统一行使全民所有自然资源资产所有权人职责的体制。国家对全民所有自然资源资产行使所有权并进行管理和国家对国土范围内自然资源行使监管权是不同的，前者是所有权人意义上的权利，后者是管理者意义上的权力。这就需要完善自然资源监管体制，统一行使所有国土空间用途管制职责，使国有自然资源资产所有权人和国家自然资源管理者相互独立、相互配合、相互监督。山水林田湖草是一个生命共同体，用途管制和生态修复必须遵循自然规律，如果种树的只管种树、治水的只管治水、护田的单纯护田，很容易顾此失彼，最终造成生态的系统性破坏。因此，在2018年国务院机构改革中，将国土资源部的职责，国家发展和改革委员会的组织编制主体功能区规划职责，住房和城乡建设部的城乡规划管理职责，水利部的水资源调查和确权登记管理职责，农业部的草原资源调查和确权登记管理职责，国家林业局的森林、湿地等资源调查和确权登记管理职责，国家海洋局的职责，国家测绘地理信息局的职责整合，组建自然资源部，以统一行使全民所有自然资源资产所有者职责，统一行使所有国土空间用途管制和生态保护修复职责，着力解决自然资源所有者不到位、空间规划重叠等问题，实现山水林田湖草整体保护、系统修复、综合治理。将环境保护部的职责，国家发展和改革委员会的应对气候变化和减排职责，国土资源部的监督防止地下水污染职责，水利部的编制水功能区划、排污口设置管理、流域水环境保护职责，农业部的监督指导农业面源污染治理职责，国家海洋局的海洋环境保护职责，国务院南水北调工程建设委员会办公室的南水北调工程项目区环境保护职责整合，组建生态环境部，以整合分散的生态环境保护职责，统一行使生态和城乡各类污染排放监管与行政执法职责，加强环境污染治理，保障国家生态安全，建设美丽中国。全国人大常委会、最高人民法院、最高人民检察院对环境污染和生态破坏界定入罪标准，加大惩治力度，形成高压态势。

第四，系统制定《环境保护法》等一系列法律法规，形成了中国特色社会主义生态文明法治体系。党的十八大以后，加大了生态文明法治建设的力度。2014年重新修订的《中华人民共和国环境保护法》颁布。随后，又先后修订颁布了《中华人民共和国环境影响评价法》《中华人民共和国水污染防治法》《中华人民共和国海洋环境保护法》《中华人民共和国环境保护税法》《中华人民共和国土壤污染防治法》《中华人民共和国大气污染防治法》《中华人民共和国节约能源法》《中华人民共和国循环经济促进法》等。

第五，出台全国生态保护规划、设立国家森林公园和国家生态公园、建立河长制湖长制、试行轮耕休耕制度等，这一系列重大举措，形成了中国特色社会主义生态文明制度体系。

如何认识习近平生态文明思想在文明发展道路上的重大理论贡献?

习近平生态文明思想，将“坚持人与自然和谐共生”作为新时代坚持和发展中国特色社会主义的十四条基本方略之一，明确中国未来走向是走生产发展、生活富裕、生态良好的文明发展道路，建设美丽中国。这是习近平生态文明思想在中国特色社会主义文明发展道路上的独创性贡献。

第一，按照新发展理念实现生产发展的文明发展新道路。强调生态文明建设，把生态文明、资源保护、环境治理摆在优先考虑的位置，不是不要发展，不是不搞建设，而是要谋求更高质量的发展，更加持久的发展，更加绿色的发展，更加均衡的发展，更有效益的发展。总之，是把谋发展的着眼点放得更加长远一些，使发展成果不但惠及最广大的人民群众，还要惠及中华民族的子子孙孙，实现中华民族的永续发展。同时，也要超越对生产力的传统认识，跟上社会生产力发展的新变化新趋势。要认识到，保护生态环境就是保护生产力、改善生态环境就是发展生产力。因此，要全面贯彻落实创新、协调、绿色、开放、共享的新发展理念，把生态文明建设融入经济社会发展各方面和全过程，致力于实现可持续发展和高质量发展，坚定不移走生产发展的文明发展新道路。

第二，按照以人民为中心的理念实现生活富裕的文明发展新道路。现代化建设的发展史表明，生活富裕不是一个静止不变的指标，其内涵是随着人民群众生活水平和需求水平的提高不断发展的。在解决了基本温饱之后，人们开始追求精神文化生活的享受。在基本物质文化生活得到满足之后，人们又开始提出更高的需求。随着新时代社会主要矛盾已经转变为人民日益增长的美好生活需要和不平衡不充分的发展之间的矛盾，人民群众对优美生态环境的需要已经成为这一矛盾的重要方面，广大人民群众热切期盼加快提高生态环境质量，期盼政府和社会提供更多优质生态产品，不断满足人民日益增长的优美生态环境需要。我们的思想观念和工作方式要跟上时代变化，跟上人民群众需求变化。发展经济是为了民生，保护生态环境同样也是为了民生。既要创造更多的物质财富和精神财富以满足人民日益增长的美好生活需要，也要提供更多优质生态产品以满足人民日益增长的优美生态环境需要。

第三，按照人与自然和谐共生的理念实现生态良好的文明发展新道路。过去在制定发展规划时，首先考虑的是保持什么样的增长速度，以速度为中心来确定各方面各领域的发展指标。践行生态良好的文明发展新道路，就必须从思想观念到工作方法上来一次彻底更新。从着眼点来说，就要着眼长远发展全局和发展趋势来通盘考虑；从处理关系来说，就要将经济社会发展与资源节约和环境保护统筹起来综合考量；从先决条件来说，就不能“以增长速度定终身”，而要将资源禀赋和环境承载力作为当地经济社会发展的先决条件进行决策。在整个发展过程中，都要坚持节约优先、保护优先、自然恢复为主的方针，不能只讲索取不讲投入，不能只讲发展不讲保护，不能只讲利用不讲修复。

第四，按照建设世界科技强国的目标推进中国特色社会主义文明发展道路。生态环境问题归根结底是发展方式和生活方式问题，要从根本上解决生态环境问题，必须贯彻创新、协调、绿色、开放、共享的发展理念，加快形成节约资源和保护环境的空间格局、产业结构、生产方式、生活方式。这就离不开创新，特别是高科技领域的创新。进入21世纪以来，全球科技创新进入空前密集活跃的时期，新一轮科技革命和产业变革正在重构全球创新版图、重塑全球经济结构。融合机器人、数字化、新材料的先进制造技术正在加速推进制造业向智能化、服务化、绿色化转型，以清洁高效可持续为目标的能源技术加速发展将引发全球能源变革。科学技术从来没有像今天这样深刻地影响着国家和民族的前途命运，从来没有像今天这样深刻地影响着人民生活福祉，从来没有像今天这样深刻地影响着人类文明发展方式。在这关键时刻，我国迎来了世界新一轮科技革命和产业变革同我国转变发展方式的历史性交汇期。我们一定要紧跟发展趋势，为生态文明建设插上高科技的翅膀，在建设科技强国、美丽中国的强国之路上行稳致远。

QUESTION
AND
ANSWER

04 实践创新篇

如何清醒评估我国在生态文明建设上的基本国情？

我国在生态文明建设上的基本国情不容乐观。我国在现代化建设上起步晚，人口压力大，经过数千年的开发，自然资源和自然环境的潜力和承载能力有限。主要的发展压力长期集中在东部沿海地区，国土布局很不均衡、不尽合理。这一基本国情，决定了我国环境容量有限，生态系统脆弱，污染重、损失大、风险高的生态环境状况还没有根本扭转，并且独特的地理环境加剧了地区间的不平衡。“胡焕庸线”东南方43%的国土，居住着全国94%左右的人口，以平原、水网、低山丘陵和喀斯特地貌为主，生态环境压力巨大；该线西北方57%的国土，供养大约全国6%的人口，以草原、戈壁沙漠、绿洲和雪域高原为主，生态系统非常脆弱。

这是基本国情的重要内容。

改革开放以来，我国经济发展取得历史性成就，这是值得我们自豪和骄傲的，这也是世界上很多国家羡慕我们的地方。同时必须看到，我们也积累了大量生态环境问题，这些问题成为明显的短板，成为人民群众反映强烈的突出问题。比如，各类环境污染呈高发态势，成为民生之患、民心之痛。这样的状况，必须下大气力扭转。

党的十八大以来，经过不懈努力，我国生态环境质量持续改善。我国深入实施大气、水、土壤污染防治三大行动计划，成为世界上第一个大规模开展PM2.5治理的发展中大国。同2013年相比，2017年全国338个地级及以上城市可吸入颗粒物（PM10）平均浓度下降了22.7%，京津冀地区PM2.5平均浓度下降了39.6%，北京PM2.5平均浓度从89.5微克/立方米降至58微克/立方米。地表水国控断面Ⅰ—Ⅲ类水体比例增加到67.9%，劣Ⅴ类水体比例下降到8.3%。森林覆盖率由本世纪初的16.6%提高到22%左右。我国率先发布《中国落实2030年可持续发展议程国别方案》，并组织编印了《国家应对气候变化规划（2014—2020年）》，向联合国交存《巴黎协定》批准文书。我国消耗臭氧层物质的淘汰量占发展中国家总量的50%以上，成为对全球臭氧层保护贡献最大的国家。2017年，我国同联合国环境署等国际机构一道，发起建立“一带一路”绿色发展国际联盟。同时，必须清醒看到，我国生态文明建设挑战重重、压力巨大、矛盾突出，推进生态文明建设还有不少难关要过，还有不少硬骨头要啃，还有不少顽瘴痼疾要治，形势仍然十分严峻。

总体来说，我国生态文明建设短板很多，基础脆弱，只有在现有取得明显进展和成效的基础上，毫不松懈、久久为功、长期奋斗，才能从根本上收到扭转乾坤之效。

从国际经验看，生态环境已成为全球治理中刻不容缓的突出问题。人类进入工业文明时代以来，传统工业化迅猛发展，在创造巨大物质财富的同时也加速了对自然资源的攫取，打破了地球生态系统原有的循环和平衡，造成人与自然关系紧张。从20世纪30年代开始，一些西方国家相继发生多起环境公害事件，损失巨大，震惊世界，引发了人们对资本主义发展模式的深刻反思。在人类200多年的现代化进程中，实现工业化的国家不超过30个，覆盖人口不超过10亿人。在我们这个近14亿人口的最大发展中国家推进生态文明建设，建成富强民主文明和谐美丽的社会主义现代化强国，其影响将是世界性的。

从我国自身经历来看，生态退化一直是威胁中华民族永续发展的历史与现实问题。据史料记载，现在植被稀少的黄土高原、渭河流域、太行山脉也曾是森林遍布、山清水秀，地宜耕植、水草便畜。由于毁林开荒、乱砍滥伐，这些地方的生态环境遭到严重破坏。塔克拉玛干沙漠的蔓延，湮没了盛极一时的丝绸之路。河西走廊沙漠的扩展，毁坏了敦煌古城。科尔沁、毛乌素沙地和乌兰布和沙漠的蚕食，侵占了富饶美丽的蒙古草原。楼兰古城因屯垦开荒、盲目灌溉，导致孔雀河改道而衰落。河北北部的围场，早年树海茫茫、水草丰美，但从清朝同治年间开始的开围放垦，致使千里松林几乎荡然无存，出现了几十万亩的荒山秃岭。这些深刻教训，我们一定要认真吸取。

从我国生态文明建设的现状来看，我国生态环境质量持续好转，出现了稳中向好趋势，但成效并不稳固，稍有松懈就有可能出现反复，犹如逆水行舟，不进则退。生态文明建设正处于压力叠加、负重前行的关键期，已进入提供更多优质生态产品以满足人民日益增长的优美生态环境需要的攻坚期，也到了有条件有能力解决生态环境突出问题的窗口期。我国经济已由高速增长阶段转向高质量发展阶段，需要跨越一些常规性和非常规性关口。这是一个凤凰涅槃的过程。如果现在不抓紧，将来解决起来难度会更高、代价会更大、后果会更重。我们必须咬紧牙关，爬过这个坡，迈过这道坎。

随着我国社会主要矛盾转化为人民日益增长的美好生活需要和不平衡不充分的发展之间的矛盾，人民群众对优美生态环境的需要已经成为这一矛盾的重要方面，广大人民群众热切期盼加快提高生态环境质量。人民对美好生活的向往是我们党的奋斗目标，解决人民最关心最直接最现实的利益问题是执政党使命所在。人心是最大的政治。我们要积极回应人民群众所想、所盼、所急，大力推进生态文明建设，提供更多优质生态产品，不断满足人民日益增长的优美生态环境需要。

全党和全国人民特别是各级领导干部对保护生态环境务必坚定信念，坚决摒弃损害甚至破坏生态环境的发展模式和做法，决不能再以牺牲生态环境为代价换取一时一地的经济增长。要坚定推进绿色发展，推动自然资本大量增值，让良好生态环境成为人民生活的增长点、成为展现我国良好形象的发力点，让老百姓呼吸上新鲜的空气、喝上干净的水、吃上放心的食物、生活在宜居的环境中、切实感受到经济发展带来的环境效益，让中华大地天更蓝、山更绿、水更清、环境更优美，走向生态文明新时代。

当前存在哪些生态环境风险？如何做到有效防范生态环境风险？

生态环境风险是指生态系统受到生态系统外的一切对生态系统构成威胁的要素的作用的可能性。威胁生态系统安全的要素包括来自自然的、社会经济的与人们生产生活活动的诸种因素。任何生态系统都不可能是封闭的、静止不变的，因此必然会受诸多具有不确定性和危害性的因素的影响，也就必然存在风险。如大气污染、水污染、土壤污染、水土流失、自然灾害、荒漠化、生态系统退化、海洋环境问题、新型污染物、农村环境问题、气候变化、环境污染事故、环境社会性群体事件等，都会给生态系统带来不同程度的损害。

我国自然生态环境先天不足，整体生态环境系统脆弱。同时，在长期的发展过程中，也积累了大量生态环境问题，各类环境污染呈高发态势，逐渐累积的生态风险不容忽视。主要表现为八个方面。

第一，水资源紧缺，用水安全存在风险。人均水资源拥有量仅为世界平均水平的1/4，按国际标准，我国属于重度缺水国家。全国的水资源供需矛盾不断凸显，部分地区已超过或接近水资源开发的极限。

第二，耕地资源紧缺，耕地安全存在风险。人均耕地少，不到世界人均水平的一半。全国优质耕地比例不足3%，中、低等级的比例超过70%。

第三，能源和矿产资源短缺，能源安全存在风险。我国石油的对外依存度接近70%。

第四，水资源污染严重，全国江河水系、地下水污染和饮用水出现安全问题，这对于原本就紧缺的水资源问题无疑是雪上加霜。

第五，大气污染严重。雾霾成为环境问题的风向标。由环保部等13个部门共同编制的《2016中国环境状况公报》显示，2016年，全国338个地级及以上城市中，只有84个城市环境空气质量达标，占全部城市数的24.9%；254个城市环境空气质量超标，占75.1%。

第六，土壤污染潜在风险不断累积。部分地区土壤污染较重，耕地土壤环境质量堪忧，工矿业废弃地土壤环境问题突出。这些土壤中的污染物质通过食物链进入人体内，对人体健康构成极大危害。近年来，“镉大米”“重金属蔬菜”等由土壤污染引发的农产品质量安全问题和群体性事件逐年增多，成为影响群众身体健康和社会稳定的重要因素。

第七，农村环境污染，带来潜在风险。污水乱泼、垃圾乱倒、粪土乱堆、柴草乱垛、畜禽乱跑是农村比较普遍的景象。很多农村地区几乎找不到未被污染的河流。

第八，生态系统受到过度开发造成了一定的风险。掠夺式的采石开矿、挖河取沙、毁田取土、荒坡垦殖、围湖造田、毁林开荒等行为大量存在，很多生态系统功能被严重损害。

生态环境风险是一种潜在性的现实风险。只要措施及时得当，是完全可以防患于未然，达到有效防范生态环境风险的目的的。我们要“图之于未萌，虑之于未有”，始终保持高度警觉，防止各类生态环境风险积聚扩散，做好应对任何形式生态环境风险挑战的准备。

一是注重制度防范，形成一整套有效防范生态环境风险的体制机制。二是注重管理防范，把生态环境风险纳入常态化管理，特别要健全监管体系，完善监管机制，提升监管能力，确保万无一失。三是注重过程防范，系统构建全过程、多层级生态环境风险防范体系，着力提升突发环境事件应急处置能力。四是注重重点防范，严密防控垃圾焚烧、对二甲苯（PX）等重点领域生态环境风险，加强核与辐射安全监管，推进“邻避”问题防范化解，破解涉环保项目“邻避”问题。

哪些是突出的生态环境问题？怎样做到把解决突出生态环境问题作为民生优先领域？

为了从根本上解决生态文明建设在“五位一体”总体布局中严重影响经济社会发展的问题，根据当前生态资源环境问题突出的阶段性特点，及时回应人民群众对留住绿水青山和蓝天白云的热切期盼，党的十八大以来明确将解决突出生态环境问题作为加快推进生态文明建设的突破口，明确将集中力量攻克老百姓身边的突出生态环境问题作为民生优先领域，取得了一些明显的成效。

习近平总书记明确指出：“有利于百姓的事再小也要做，危害百姓的事再小也要除。打好污染防治攻坚战，就要打几场标志性的重大战役，集中力量攻克老百姓身边的突出生态环境问题。”①

第一，针对大气污染严重这一突出生态环境问题，明确提出坚决打赢蓝天保卫战是生态环境治理的重中之重。这既是国内民众的迫切期盼，也是我们就办好北京冬奥会向国际社会作出的承诺。要以京津冀及周边、长三角、汾渭平原等为主战场，以北京为重点，以空气质量明显改善为刚性要求，强化联防联控，基本消除重污染天气，还老百姓蓝天白云、繁星闪烁。要调整产业结构，减少过剩和落后产能，增加新的增长动能。要推进达标排放，降低重点行业污染物排放，实施火电、钢铁等重点行业超低排放改造。

第二，针对重污染天气、黑臭水体、垃圾围城等民心之痛、民生之患的突出生态环境问题，明确提出打一场污染防治攻坚的人民战争。这些问题严重影响人民群众生产生活，老百姓意见大、怨言多，甚至成为诱发社会不稳定的重要因素，必须下大气力解决好这些问题。要集中优势兵力，动员各方力量，群策群力，群防群治，一场战役一场战役打，不获全胜决不收兵。

第三，针对部分企业技术装备严重落后、污染严重、管理混乱造成的突出生态环境问题，结合去产能等供给侧结构性改革，在全国展开“散乱污”企业治理。坚决关停取缔一批，整

---

① 习近平：《推动我国生态文明建设迈上新台阶》，载《求是》2019年第3期。

改提升一批，搬迁入园一批。要调整能源结构，减少煤炭消费比重，加快清洁能源发展。

第四，针对北方冬季大气污染严重的突出生态环境问题，明确提出坚持因地制宜、多措并举，宜电则电、宜气则气，坚定不移推进北方地区冬季清洁取暖。加快天然气产供储销体系建设，优化天然气来源布局，加强管网互联互通，保障气源供应。要提供补贴政策和价格支持，确保“煤改气”“煤改电”后老百姓用得上、用得起。要加大燃煤小锅炉淘汰力度，暂停一部分污染重的煤电机组，加快升级改造。

第五，针对公路运输污染严重的突出生态环境问题，明确提出要调整运输结构，减少公路运输量，增加铁路运输量。要抓紧治理柴油货车污染，推动货运经营整合升级、提质增效，加快规模化发展、连锁化经营。

第六，针对水源、水域、地下水污染严重的突出生态环境问题，明确提出要深入实施水污染防治行动计划，打好水源地保护、城市黑臭水体治理、渤海综合治理、长江保护修复攻坚战，保障饮用水安全，基本消灭城市黑臭水体，还给老百姓清水绿岸、鱼翔浅底的景象。同时，加快补齐城镇污水收集和处理设施短板，尽快实现污水管网全覆盖、全收集、全处理。

第七，针对土壤重金属污染、化学污染严重的突出生态环境问题，明确提出要全面落实土壤污染防治行动计划，推动制定和实施土壤污染防治法。突出重点区域、行业和污染物，强化土壤污染管控和修复，有效防范风险，让老百姓吃得放心、住得安心。

第八，针对洋垃圾污染严重的突出生态环境问题，明确提出要全面禁止洋垃圾入境，大幅减少进口固体废物种类和数量，严厉打击危险废物破坏环境违法行为，坚决遏制住危险废物非法转移、倾倒、利用和处理处置。

第九，针对农村环境中存在的突出生态环境问题，明确提出要调整农业投入结构，减少化肥农药使用量，增加有机肥使用比重，完善废旧地膜回收处理制度。要持续开展农村人居环境整治行动，实现全国行政村环境整治全覆盖，基本解决农村的垃圾、污水、厕所问题，打造美丽乡村，为老百姓留住鸟语花香的田园风光。

第十，针对生态环境治理松懈的突出问题，明确提出要严格管控生态保护红线，实现山水林田湖草系统监管和事前事中事后的全过程监管。要处理好污染防治与生态保护的关系。污染防治好比是分子，生态保护好比是分母，要对分子做好减法降低污染物排放量，对分母做好加法扩大环境容量，协同发力。

什么是绿色发展？如何全面推动绿色发展？

实现绿色发展，是习近平生态文明思想的重要内容，也是新发展理念的重要组成部分。提出绿色发展的目的，是改变传统的“大量生产、大量消耗、大量排放”的生产模式和消费模式，使资源、生产、消费等要素相匹配相适应，实现经济社会发展和生态环境保护协调统一，人与自然和谐共处。

全面推动绿色发展主要应做好以下五个方面的工作。

第一，按照绿色发展理念构建高质量现代化经济体系。我国经济发展进入新时代的基本特征，就是经济已由高速增长阶段转向高质量发展阶段，正处在转变发展方式、优化经济结构、转换增长动力的攻关期，建设现代化经济体系是跨越关口的迫切要求和我国发展的战略目标。这就要在中高端消费、创新引领、绿色低碳、共享经济、现代供应链、人力资本服务等领域培育新增长点、形成新动能，使绿色发展与创新发展、协调发展、开放发展、共享发展相辅相成、相互作用，这是构建高质量现代化经济体系的必然要求。

第二，把加快形成绿色发展方式作为解决污染问题的根本之策。绿色是生命的象征、大自然的底色，更是美好生活的基础、人民群众的期盼。只有从源头上使污染物排放大幅降下来，生态环境质量才能明显好上去。重点是调结构、优布局、强产业、全链条。调整经济结构和能源结构，既提升经济发展水平，又降低污染排放负荷。对重大经济政策和产业布局开展规划环评，优化国土空间开发布局，调整区域流域产业布局。培育壮大节能环保产业、清洁生产产业、清洁能源产业，发展高效农业、先进制造业、现代服务业。推进资源全面节约和循环利用，实现生产系统和生活系统循环链接。

第三，把倡导绿色生活方式作为提升文明素质和文明程度的重要途径。绿色生活方式涉及老百姓的衣食住行。要倡导简约适度、绿色低碳的生活方式，反对奢侈浪费和不合理消费。广泛开展节约型机关、绿色家庭、绿色学校、绿色社区创建活动，推广绿色出行，通过生活方式绿色革命，倒逼生产方式绿色转型。

第四，把“绿水青山就是金山银山”作为实施乡村振兴战略的重要理念。农业强不强、农村美不美、农民富不富，决定着全面小康社会的成色和社会主义现代化的质量。实施乡村振兴战略，要坚持农业农村优先发展，按照产业兴旺、生态宜居、乡风文明、治理有效、生活富裕的总要求，建立健全城乡融合发展体制机制和政策体系，加快推进农业农村现代化。实施乡村振兴战略是一篇大文章，要统筹推进乡村产业振兴、乡村文化振兴、乡村生态振兴、乡村组织振兴。在乡村生态振兴中，要认真贯彻“绿水青山就是金山银山”理念，让良好生态成为乡村振兴支撑点，坚持绿色发展，加强农村突出环境问题综合治理，扎实实施农村人居环境整治三年行动计划，推进农村“厕所革命”，完善农村生活设施，打造农民安居乐业的美丽家园。

第五，以绿色发展理念为统领推进雄安新区、北京城市副中心建设，推动京津冀协同发展和长江经济带发展。建设雄安新区是千年大计。“千年大计”，就要从“千年秀林”开始，努力接续展开蓝绿交织、人与自然和谐相处的优美画卷。先植绿、后建城，是雄安新区建设的一个新理念。良好生态环境是雄安新区的重要价值体现。要坚持生态优先、绿色发展，率先启动生态基础设施建设和环境整治。新区首先就要新在规划、建设的理念上，要体现出前瞻性、引领性。要全面贯彻新发展理念，坚持高质量发展要求，努力创造新时代高质量发展的标杆。

建设北京城市副中心要坚持规划先行、质量第一。要把公共建筑与山水自然融为一体，科学布局生产、生活、生态空间，使工作、居住、休闲、交通、教育、医疗等有机衔接、便利快捷。要把规划执行好、落实好，把蓝图变为实景，使北京城市副中心成为这座千年古都又一张亮丽的城市名片。

推动京津冀协同发展，要坚持“绿水青山就是金山银山”的理念，强化生态环境联建联防联治。要增加清洁能源供应，调整能源消费结构，持之以恒推进京津冀地区生态建设，加快形成节约资源和保护环境的空间格局、产业结构、生产方式、生活方式。

要以共抓大保护、不搞大开发为导向推动长江经济带发展。长江是中华民族的生命河。推动长江经济带发展，理念要先进，坚持生态优先、绿色发展，把生态环境保护摆上优先地位，涉及长江的一切经济活动都要以不破坏生态环境为前提，共抓大保护，不搞大开发。思路要明确，建立硬约束，长江生态环境只能优化、不能恶化。目前长江生态环境保护修复工作“谋一域”居多，“被动地”重点突破多；“谋全局”不足，“主动地”整体推进少。这就需要正确把握整体推进和重点突破的关系，立足全局，谋定而后动，力求取得明显成效。“长江病了”，而且病得还不轻。治好“长江病”，要科学运用中医整体观，追根溯源、诊断病因、找准病根、分类施策、系统治疗。这要作为长江经济带共抓大保护、不搞大开发的先手棋。要从生态系统整体性和长江流域系统性出发，开展长江生态环境大普查，系统梳理和掌握各类生态隐患和环境风险，做好资源环境承载能力评价，对母亲河做一次大体检。要针对查找到的各类生态隐患和环境风险，按照山水林田湖草是一个生命共同体的理念，研究提出从源头上系统开展生态环境修复和保护的整体预案和行动方案，然后分类施策、重点突破，通过祛风驱寒、舒筋活血和调理脏腑、通络经脉，力求药到病除。要按照主体功能区定位，明确优化开发、重点开发、限制开发、禁止开发的空间管控单元，建立健全资源环境承载能力监测预警长效机制，做到“治未病”，让母亲河永葆生机活力。

什么是环境治理？如何提高环境治理水平？

在生态文明建设上，习近平生态文明思想为我们指出了一条立破并举的道路。所谓“立”，就是树立绿色发展理念，推动形成绿色发展方式和生活方式。所谓“破”，就是彻底摒弃以高能耗高污染为代表的传统发展方式，针对生态资源环境上的突出问题，进行修复性整治，进行综合性治理。没有对传统发展理念、传统发展方式的“破”，就没有新发展理念、绿色发展方式和生活方式的“立”。同样，不把新发展理念、绿色发展方式和生活方式牢固树立起来，传统发展理念、传统发展方式还会死灰复燃。

在立破并举的发展过程中，环境治理处于承上启下的关键环节。通过环境治理，一方面可以弥补生态建设的欠账，补齐生态文明的短板，治理资源破坏、环境污染的乱象；另一方面可以增强生态资源环境保护意识，形成上下左右齐抓共管的体制机制，完善生态资源环境保护法律体系，为贯彻新发展理念奠定坚实的基础。

提高环境治理水平，要从以下六个方面同时着力。

第一，提高环境治理的系统化水平。环境治理是系统工程，需要综合运用行政、市场、法治、科技等多种手段。提高污染排放标准，强化排污者责任，健全环保信用评价、信息强制性披露、严惩重罚等制度。推进资源全面节约和循环利用，实施国家节水行动，降低能耗、物耗，实现生产系统和生活系统循环链接。倡导简约适度、绿色低碳的生活方式，反对奢侈浪费和不合理消费，开展创建节约型机关、绿色家庭、绿色学校、绿色社区和绿色出行等行动。构建政府为主导、企业为主体、社会组织和公众共同参与的环境治理体系。

第二，提高环境治理的市场化水平。要构建市场导向的绿色技术创新体系，发展绿色金融，壮大节能环保产业、清洁生产产业、清洁能源产业。要充分运用市场化手段，推进生态环境保护市场化进程，撬动更多社会资本进入生态环境保护领域。要完善资源环境价格机制，将生态环境成本纳入经济运行成本。要采取多种方式支持政府和社会资本合作项目。生态环境保护该花的钱必须花，该投的钱绝不能省。要坚持资金投入同污染防治攻坚任务相匹配。

第三，提高环境治理的科研攻关水平。要加强大气重污染成因研究和治理、京津冀环境综合治理重大项目等科技攻关，对臭氧、挥发性有机物以及新的污染物治理开展专项研究和前瞻研究，对涉及经济社会发展的重大生态环境问题开展对策性研究，加快成果转化与应用，为科学决策、环境管理、精准治污、便民服务提供支撑。

第四，提高环境治理的法治化水平。要牢固树立生态红线的观念。在生态环境保护问题上，不能越雷池一步，否则就应该受到惩罚。只有实行最严格的制度、最严密的法治，才能为生态文明建设提供可靠保障。最重要的是要完善经济社会发展考核评价体系，把资源消耗、环境损害、生态效益等体现生态文明建设状况的指标纳入经济社会发展评价体系，使之成为推进生态文明建设的重要导向和约束。要建立责任追究制度，对那些不顾生态环境盲目决策、造成严重后果的人，必须追究责任，而且应该终身追究。

第五，提高环境治理的公德化水平。生态文明建设同每个人息息相关，每个人都应该做践行者、推动者。要加强生态文明宣传教育，增强全民节约意识、环保意识、生态意识，营造爱护生态环境的良好风气。要推动形成节约适度、绿色低碳、文明健康的生活方式和消费模式，形成全社会共同参与的良好风尚。

第六，提高环境治理的国际化水平。生态文明建设关乎人类未来，建设绿色家园是人类的共同梦想，保护生态环境、应对气候变化需要世界各国同舟共济、共同努力，任何一国都无法置身事外、独善其身。我国要做全球生态文明建设的重要参与者、贡献者、引领者，实施积极应对气候变化国家战略，推动和引导建立公平合理、合作共赢的全球气候治理体系，彰显我国负责任大国形象，推动构建人类命运共同体。

环境治理要找准突破口。浙江“千村示范、万村整治”工程，为我们提供了环境治理的浙江经验。2019年3月，中共中央办公厅、国务院办公厅转发了《中央农办、农业农村部、国家发展改革委关于深入学习浙江“千村示范、万村整治”工程经验扎实推进农村人居环境整治工作的报告》（以下简称《报告》）。《报告》指出，浙江“千万工程”起步早、方向准、举措实、成效好，对全国各地实施乡村振兴战略、推进农村人居环境整治具有重要示范带动作用。《报告》还指出，深入学习浙江经验是贯彻落实习近平生态文明思想的重要举措。浙江经验是习近平生态文明思想的生动实践，充分展示了新时代我国生态文明建设的成就。贯彻落实习近平生态文明思想，深入学习浙江经验，多举措改变农村脏乱差现象，多渠道打通“绿水青山”向“金山银山”的转化路径，多形式构建人与自然和谐共生的乡村发展新格局，才能实现农村生态美与百姓富的统一。中共中央办公厅和国务院办公厅在转发《报告》的通知中，传达了习近平总书记对此作出的重要批示：“浙江‘千村示范、万村整治’工程起步早、方向准、成效好，不仅对全国有示范作用，在国际上也得到认可。要深入总结经验，指导督促各地朝着既定目标，持续发力，久久为功，不断谱写美丽中国建设的新篇章。”完全可以期待，随着学习浙江经验的深入开展，环境治理和美丽中国建设一定会在古老的华夏大地出现新局面。

什么是生态文明体系？如何加快构建生态文明体系？

完整提出生态文明体系，是习近平生态文明思想的一大亮点。

第一，它揭示出生态文明是一个完整的大系统，在这个大系统中，人与自然的关系居于核心地位。人与自然是生命共同体，脱离开人谈生态文明，或是脱离开自然谈生态文明，都没有意义。人与自然关系的最高境界，也是生态文明的理想境界，就是人与自然和谐共生。这是一个需要经过长期不懈奋斗才能实现的理想境界，需要在价值观念、生产方式、生活方式、追求目标、体制机制、风险防控等方面来一场系统深刻的"绿色革命"。

第二，它揭示出生态文明体系是由诸多子系统组成的一个复杂系统，涵盖了影响人与自然关系的各个基本要素。这个复杂系统包括以下五个子系统：以生态价值观念为准则的生态文化体系，以产业生态化和生态产业化为主体的生态经济体系，以改善生态环境质量为核心的生态目标责任体系，以治理体系和治理能力现代化为保障的生态文明制度体系，以生态系统良性循环和环境风险有效防控为重点的生态安全体系。其中，生态文化体系是支撑，生态经济体系是关键，生态目标责任体系是抓手，生态文明制度体系是保障，生态安全体系是底线，它们共同构成了完整的、相互依存、相互作用的生态文明体系。

第三，它明确了加快构建生态文明体系的奋斗目标。这个奋斗目标同我国从基本实现社会主义现代化到建设社会主义现代化强国的战略安排相一致，明确提出：要通过加快构建生态文明体系，使我国经济发展质量和效益显著提升，确保到2035年节约资源和保护环境的空间格局、产业结构、生产方式、生活方式总体形成，生态环境质量实现根本好转，生态环境领域国家治理体系和治理能力现代化基本实现，美丽中国目标基本实现；到本世纪中叶，建成富强民主文明和谐美丽的社会主义现代化强国，物质文明、政治文明、精神文明、社会文明、生态文明全面提升，绿色发展方式和生活方式全面形成，人与自然和谐共生，生态环境领域国家治理体系和治理能力现代化全面实现，建成美丽中国。

第四，它明确了加快构建生态文明体系的着力点和基本要求。它包括以下五个方面内容。

一是加快建立健全以生态价值观念为准则的生态文化体系。要树立尊重自然、顺应自然、保护自然的社会主义生态文明观，像保护眼睛一样保护生态环境，像对待生命一样对待生态环境，并将生态文明观教育融入社会主义核心价值观建设之中。

二是加快建立健全以产业生态化和生态产业化为主体的生态经济体系。生态环境保护的成败，归根结底取决于经济结构和经济发展方式。着力在以下三个方面全面推动绿色发展：调整经济结构、能源结构、产品结构，创新技术，提高生产领域的资源环境效率，实现产业生态化改造；培育壮大节能环保产业、清洁生产产业、清洁能源产业，实现资源节约和生态环境保护产业化；建立简约适度、绿色低碳的生活方式，倒逼和引导产业生态化和生态产业化，并通过资源节约和循环利用最终实现生产系统和生活系统内部以及二者之间的循环链接。

三是加快建立健全以改善生态环境质量为核心的目标责任体系。构建目标责任体系，是中国特色社会主义制度特征和优势的集中体现。构建生态目标责任体系，既要靠制度法治，也要靠高素质的人。这一体系的构建，需要各地区各部门坚决担负起生态文明建设的政治责任，需要地方各级党委和政府主要领导真正成为生态环境保护的第一责任人，需要用科学合理的生态环境考核评价体系作为奖惩和提拔使用干部的重要依据，需要建设一支高素质的生态环境保护铁军。

四是加快建立健全以治理体系和治理能力现代化为保障的

生态文明制度体系。生态文明制度体系建设要重视补齐制度短板、提升治理能力、狠抓落地见效。要将生态文明建设全面融入经济社会发展全过程和各方面，建立健全绿色生产和消费的法律制度与政策导向，建立健全一体化生态修复、保护和监管制度体系，建立健全农村环境治理的制度体系，建立健全全民参与的行动制度体系。

五是加快建立健全以生态系统良性循环和环境风险有效防控为重点的生态安全体系。有效防控环境风险的直接目的，是要保持生态系统的良性循环。我国生态安全体系建设，必须牢固树立底线思维，把生态环境风险纳入常态化管理，系统构建全过程、多层级生态环境风险防范体系。要降低生态系统退化风险，通过实施国土空间管制和生态红线制度、采取生态系统修复和保护措施，确保物种和各类生态系统的规模和结构的稳定，提升生态服务功能水平。

为什么说污染防治攻坚战是必须打好的三大攻坚战之一？

污染防治攻坚战，是全面建成小康社会必须打好的三大攻坚战之一。习近平总书记指出：“在党的十九大报告中，我强调要突出抓重点、补短板、强弱项，特别是要坚决打好防范化解重大风险、精准脱贫、污染防治的攻坚战，使全面建成小康社会得到人民认可、经得起历史检验。现在，我们就要集中优势兵力，采取更有效的政策举措，打好这场攻坚战。”①

坚决打好污染防治攻坚战，是由多种因素决定的。其中，全面建成小康社会的急迫要求，不容乐观的生态环境形势，新时代社会主要矛盾的变化，

① 习近平：《推动我国生态文明建设迈上新台阶》，载《求是》2019年第3期。

经济由高速度增长向高质量发展转变的内在要求，是四个最为重要的决定性因素。

从全面建成小康社会的迫切要求看，必须坚决打好污染防治攻坚战。全面小康，覆盖的领域要全面，是“五位一体”全面进步。经济建设、政治建设、文化建设、社会建设、生态文明建设五大建设，不能长的很长、短的很短。“小康全面不全面，生态环境质量是关键”。在这五大建设中，生态文明建设就是突出短板。在30多年持续快速发展中，我国农产品、工业品、服务产品的生产能力迅速扩大，但提供优质生态产品的能力在减弱，一些地方生态环境还在恶化。这就要求我们坚决打好污染防治攻坚战，从根本上扭转生态环境恶化的趋势，尽力补上生态文明建设这块短板，切实把生态文明的理念、原则、目标融入经济社会发展各方面，贯彻落实到各级各类规划和各项工作中。

从当前生态环境的实际状况看，必须坚决打好污染防治攻坚战。党的十八大以来，我国生态环境质量持续好转，出现了稳中向好趋势，但成效并不稳固。我国生态文明建设正处于压力叠加、负重前行的关键期，已进入提供更多优质生态产品以满足人民日益增长的优美生态环境需要的攻坚期，也到了有条件有能力解决生态环境突出问题的窗口期。这就是说，在生态文明建设上，现在面临的形势是等不起、慢不得，必须以最大的决心、最果敢的行动坚决打好污染防治攻坚战，不达目的决不收兵。

从新时代社会主要矛盾变化看，必须坚决打好污染防治攻坚战。中国特色社会主义进入新时代，我国社会主要矛盾已经转化为人民日益增长的美好生活需要和不平衡不充分的发展之间的矛盾。在人民日益增长的美好生活需要中，对清新的空气、干净的水、优美的生态环境等的需求越来越迫切、要求越来越高，生态文明建设发展的不平衡不充分状况日益凸显，人民群众对优美生态环境的需要已经成为这一矛盾的重要方面，广大人民群众热切期盼加快提高生态环境的质量。因此，我们要把生态文明建设作为重大政治问题和关系民生的重大社会问题，全力以赴打好污染防治攻坚战。

从经济由高速度增长向高质量发展转变的内在要求看，必须坚决打好污染防治攻坚战。在实现高质量发展、构建现代经济体系爬坡过坎的过程中，机遇与挑战并存。最大的坡和坎，莫过于生态资源环境的硬约束和软约束。同时，最大的“绝路逢生”的发展机遇，也来自由这种硬约束和软约束造成的倒逼机制。在从“宁要金山银山，不要绿水青山”向“绿水青山就是金山银山”的转变中，就可以释放出许多发展机遇。在从国土空间无序开发利用向国土空间和主体功能区科学开发保护的转变中，同样可以释放出许多前所未有的发展机遇。此外，实施山水林田湖草生态保护和修复工程，加大环境治理力度，改革环境治理基础制度，全面提升自然生态系统稳定性和生态服务功能，都会极大地保护和发展社会生产力，推动高质量发展。

在全面建成小康社会阶段，打好污染防治攻坚战，就要打几场标志性的重大战役，集中力量攻克老百姓身边的突出生态环境问题。

一是坚决打赢蓝天保卫战。编制实施打赢蓝天保卫战三年作战计划，以京津冀及周边、长三角、汾渭平原等重点区域为主战场，调整优化产业结构、能源结构、运输结构、用地结构，强化区域联防联控和重污染天气应对，进一步明显降低PM2.5浓度，明显减少重污染天数，明显改善大气环境质量，明显增强人民的蓝天幸福感。要加强工业企业大气污染综合治理，大力推进散煤治理和煤炭消费减量替代，打好柴油货车污染治理攻坚战，强化国土绿化和扬尘管控，有效应对重污染天气。

二是着力打好碧水保卫战。深入实施水污染防治行动计划，扎实推进河长制湖长制，坚持污染减排和生态扩容两手发力，加快工业、农业、生活污染源和水生态系统整治，保障饮用水安全，消除城市黑臭水体，减少污染严重水体和不达标水体。要打好水源地保护攻坚战，打好城市黑臭水体治理攻坚战，打好长江保护修复攻坚战，打好渤海综合治理攻坚战，打好农业农村污染治理攻坚战。

三是扎实推进净土保卫战。全面实施土壤污染防治行动计划，突出重点区域、行业和污染物，有效管控农用地和城市建设用地土壤环境风险。要强化土壤污染管控和修复，加快推进垃圾分类处理，强化固体废物污染防治。

打好污染防治攻坚战，必须发动群众、依靠群众，充分调动人民群众的积极性创造性。要集中优势兵力，动员各方力量，群策群力，群防群治，一个战役一个战役打，打一场污染防治攻坚的人民战争。

如何践行“绿水青山就是金山银山”理念？

“绿水青山就是金山银山”理念，是习近平生态文明思想的重大理论创新和实践创新，具有重大理论价值和实践价值。在我国经济社会发展从着重解决人民日益增长的物质文化需要同落后的社会生产之间的矛盾转变为着重解决人民日益增长的美好生活需要和不平衡不充分的发展之间的矛盾的过程中，在我国发展从经济高速度增长向高质量发展转变的过程中，在向着为把我国建设成为富强民主文明和谐美丽的社会主义现代化强国目标奋力前进的过程中，践行“绿水青山就是金山银山”理念具有十分重要的意义。这既是治国理政理念的根本性转变，也是思维方式、行为方式、生产生活方式的根本性转变。

首先，树立和践行“绿水青山就是金山银山”的理念，必须正确处理好经济发展同生态环境保护的关系。习近平总书记反复强调，经济发展不应是对资源和生态环境的竭泽而渔，生态环境保护也不应是舍弃经济发展的缘木求鱼，而是要坚持在发展中保护、在保护中发展，实现经济社会发展与人口、资源、环境相协调。深刻认识保护生态环境就是保护生产力、改善生态环境就是发展生产力，坚决摒弃以牺牲生态环境换取一时一地经济增长的做法，让良好生态环境成为人民生活改善的增长点、成为经济社会持续健康发展的支撑点、成为展现我国良好形象的发力点，让中华大地天更蓝、山更绿、水更清、环境更优美，大踏步进入生态文明新时代。

第二，树立和践行“绿水青山就是金山银山”的理念，必须学会使绿水青山转变成金山银山的绿色发展本领。绿水青山既是自然财富、生态财富，又是社会财富、经济财富。但是，要把绿水青山的财富充分发掘出来，需要一定的经济条件、社会条件、科技条件。当前，随着社会主要矛盾的转变，随着新发展理念的深入贯彻实施，已经具备充分挖掘绿水青山本身蕴含的生态财富、社会财富和经济财富的各方面条件，可谓“天时地利人和”。保护生态环境就是保护自然价值和增值自然资本，就是保护经济社会发展潜力和后劲，使绿水青山持续发挥生态效益和经济社会效益。

这方面的例子有很多。浙江丽水市多年来坚持走绿色发展道路，坚定不移保护绿水青山这个“金饭碗”，努力把绿水青山蕴含的生态产品价值转化为金山银山，生态环境质量、发展进程指数、农民收入增幅多年位居全省第一，实现了生态文明建设、脱贫攻坚、乡村振兴协同推进。位于长江“九曲回肠”石首段的一家临江化工企业，产业规模居世界前三，是当地的纳税大户，但也是排污大户，严重污染问题多年难以解决，周围群众苦不堪言。这两年环保部门动真格严查，开出2700多万元的长江流域“史上最大环保罚单”，倒逼企业关闭污染严重、难以改造的生产线，投入约1亿元引进行业最先进的治污装置，不仅解决了多年的污染问题，而且推动企业实现了转型升级，一举两得。

第三，树立和践行“绿水青山就是金山银山”的理念，必须牢固树立为人民提供更多优质生态产品的产业发展导向。要探索政府主导、企业和社会各界参与、市场化运作、可持续的生态产品价值实现路径，开展试点，积累经验。保护绿水青山，不是不要发展，也不是不讲经济效益，而是要在绿色发展中谋效益，在创新产业形态上谋发展。正如习近平总书记所指出的：“旧的不去，新的不来。推动长江经济带高质量发展要以壮士断腕、刮骨疗伤的决心，积极稳妥腾退化解旧动能，破除无效供给，彻底摒弃以投资和要素投入为主导的老路，为新动能发展创造条件、留出空间，进而致力于培育发展先进产能，增加有效供给，加快形成新的产业集群，孕育更多吃得少、产蛋多、飞得远的好‘鸟’，实现腾笼换鸟、凤凰涅槃。”[1]

“旧的不去，新的不来”，不仅是指产业结构调整的“腾笼换鸟”，也包括产业改造的“凤凰涅槃”。例如，磷石膏综合利用是一个世界性难题。贵州省仅乌江沿岸磷石膏累计堆存量就达到了1.2亿吨，为减少磷石膏堆存可能引发的磷污染，2018年贵州出台了磷石膏“以渣定产”方案，要求企业每年“吃掉”一定的磷石膏，方可生产出等量的磷肥，倒逼磷化工企业绿色转型。2018年，仅瓮福集团就“吃掉”了200万吨磷石膏。在这一思路的指引下，贵州全省2018年生态利用型、循环高效型、低碳清洁型和环境治理型等绿色经济，占地区生产总值的比重达到了40%。

① 习近平：《在深入推动长江经济带发展座谈会上的讲话》，人民出版社2018年版，第15—16页。

为什么要统筹山水林田湖草系统治理？怎样做到统筹山水林田湖草系统治理？

大自然是一个相互依存、相互影响的系统。在人与大自然之间扮演重要角色的山水林田湖草，又是一个相互依存、相互影响、相伴而生的生命共同体。人的命脉在田，田的命脉在水，水的命脉在山，山的命脉在土，土的命脉在树。生态系统好，则人与山水林田湖草和谐相处、生机盎然；生态系统遭到破坏，则人与山水林田湖草互相抵触、四处凋敝。要求实现人与山水林田湖草和谐共生，就必须统筹山水林田湖草系统治理。

要做到统筹山水林田湖草系统治理，就要从以下五个环节入手，久久为功、扎实推进。

第一，要从根本转变观念理念入手。统筹山水林田湖草系统治理，归根到底是用什么样的思想方法对待自然、用什么样的方式保护修复自然的问题。山水林田湖草的系统性、整体性决定了我们不能再用各守一摊、各管一段的老办法，来静态地各自管理山水林田湖草，必须统筹考虑自然生态各要素、山上山下、地上地下、陆地海洋以及流域上下游等，进行整体保护、系统修复、综合治理。

第二，要从山水林田湖草一体化生态保护和修复入手。历史经验证明，过度的大规模工程措施对遏制生态退化的作用往往难以达到预期效果，有时甚至适得其反。而一些依靠自然本身的修复能力，辅以少量人工措施的做法，往往能取得更好效果。山水林田湖草的保护和修复，是一个长期养护、慢慢调理的工作，应当更多地顺应自然，少一些主观意志，多一些科学精神；少一些建设，多一些保护；少一些工程干预，多借用一些自然力。通过划定生态圈保护区域，通过减少人类活动促进自然修复，使被割裂的生态系统逐渐连接起来，使原有的自然生态廊道恢复起来。对自然恢复也要有历史耐心，持之以恒，久久为功，不能毕其功于一役。

第三，要从绿化工作入手。植树造林历来是中华民族的优良传统。新中国成立以来，特别是改革开放以来，植树造林、绿化祖国蔚然成风。针对我国缺林少绿的国情，开展国土绿化行动，集中连片建设森林，继续推进荒漠化、石漠化、水土流失综合治理，强化湿地保护和恢复，加强地质灾害防治，为国土增添绿装，扩大退耕还林还草，恢复国土的生态功能。开展国土绿化行动，既要注重数量，更要注重质量，坚持科学绿化、规划引领、因地制宜，走科学、生态、节俭的绿化发展之路，久久为功、善做善成，不断扩大森林面积，不断提高森林质量，不断提升生态系统质量和稳定性。要人人出力，日积月累，让祖国大地不断绿起来美起来。最近发表的美国航天局卫星数据表明，全球从2000年到2017年新增的绿化面积中，约1/4来自中国，中国的贡献比例居全球首位。研究人员认为原因是中国在植树造林和集约农业等方面有突出表现。

第四，要从生物多样性保护入手。生物多样性是人类赖以生存和发展的基础。我国生物多样性保护工作取得了显著成效，但生物多样性下降的总趋势尚未得到有效遏制，生物多样性保护与开发建设活动之间的矛盾依然存在。要形成以国家公园为主体、自然保护区为基础、各类自然公园为补充的自然保护地管理体系，让重要自然生态系统得到最严格的保护。野生动物和植物是最珍稀的自然资源，要切实强化野生动植物保护管理监督，严厉打击乱捕滥猎野生动物行为，严肃查处破坏野生动植物资源案件。要进一步加强自然遗传资源管理和保护，提升生物安全管理水平。要做好生物多样性基础监测和调查工作，及时掌握生物多样性动态变化趋势。用最严格制度、最严密法治推动生物多样性保护工作，确保生物多样性保护有法可依、有法必依。

第五，要从齐抓共治、综合施策入手。习近平总书记在谈到如何治理“长江病”时就说过：“治好‘长江病’，要科学运用中医整体观，追根溯源、诊断病因、找准病根、分类施策、系统治疗。这要作为长江经济带共抓大保护、不搞大开发的先手棋。要从生态系统整体性和长江流域系统性出发，开展长江生态环境大普查，系统梳理和掌握各类生态隐患和环境风险，做好资源环境承载能力评价，对母亲河做一次大体检。要针对查找到的各类生态隐患和环境风险，按照山水林田湖草是一个生命共同体的理念，研究提出从源头上系统开展生态环境修复和保护的整体预案和行动方案，然后分类施策、重点突破，通过祛风驱寒、舒筋活血和调理脏腑、通络经脉，力求药到病除。要按照主体功能区定位，明确优化开发、重点开发、限制开发、禁止开发的空间管控单元，建立健全资源环境承载能力监测预警长效机制，做到'治未病'，让母亲河永葆生机活力。"[1]前不久，对长江流域的综合普查已经开始，为我们展现了美丽长江的美好愿景。

---

① 习近平：《在深入推动长江经济带发展座谈会上的讲话》，人民出版社2018年版，第9—10页。

为什么要组建生态环境部？如何加快推进生态文明体制改革落地见效？

组建生态环境部，是为了更好地贯彻落实习近平生态文明思想采取的深化党和国家机构改革的重要举措。这一举措，是加快推进生态文明体制改革的重要成果，同时对加快推进生态文明体制改革落地见效必将起到重要的促进作用和保障作用。

这次深化党和国家机构改革，党中央决定组建生态环境部，主要考虑有两点：一是在污染防治上改变九龙治水的状况，整合职能，为打好污染防治攻坚战提供支撑。二是在生态保护修复上强化统一监管，坚决守住生态保护红线。要打通地上和地下、岸上和水里、陆地和海洋、城市和农村、一氧化碳和二氧化碳，贯通污染防治和生态保护，加强生态环境保护统一监管。

加快推进生态文明体制改革落地见效，要以解决生态环境领域突出问题为导向，抓好已出台改革举措的落地，及时制定新的改革方案。对涉及生态文明体制改革的一些重要举措要尽快到位、发挥作用。中央环境保护督察要强化权威，加强力量配备，向纵深发展。要健全环保信用评价、信息强制性披露、严惩重罚等制度。

加快推进生态文明体制改革落地见效，要健全自然资源资产产权制度和用途管制制度。对水流、森林、山岭、草原、荒地、滩涂等自然生态空间进行统一确权登记，形成归属清晰、权责明确、监管有效的自然资源资产产权制度。健全国家自然资源资产管理体制，统一行使全民所有自然资源资产所有者职责。完善自然资源监管体制，统一行使所有国土空间用途管制职责。

加快推进生态文明体制改革落地见效，要实行资源有偿使用制度和生态补偿制度。坚持谁受益、谁补偿原则，完善对重点生态功能区的生态补偿机制，推动地区间建立横向生态补偿制度。发展环保市场，推行节能量、碳排放权、排污权、水权交易制度，建立吸引社会资本投入生态环境保护的市场化机制，推行环境污染第三方治理。

加快推进生态文明体制改革落地见效，要改革生态环境保护管理体制。建立和完善严格监管所有污染物排放的环境保护管理制度，独立进行环境监管和行政执法。建立陆海统筹的生态系统保护修复和污染防治区域联动机制。健全国有林区经营管理体制，完善集体林权制度改革。及时公布环境信息，健全举报制度，加强社会监督。完善污染物排放许可制，实行企事业单位污染物排放总量控制制度。对造成生态环境损害的责任者严格实行赔偿制度，依法追究刑事责任。

加快推进生态文明体制改革落地见效，要强化生态环境检察。生态环境检察，既是检察工作的重要组成部分，也是生态环境执法的重要工作。近年来，全国检察机关坚持以办案为中心、以专项活动为抓手，围绕大气污染、水污染、土壤污染和农村环境综合治理等方面的违法犯罪行为开展监督，为依法打好污染防治攻坚战、深入推进生态文明建设提供司法保障。2018年，全国检察机关共批准逮捕涉嫌破坏环境资源保护罪9470件15095人，同比上升51.5%；起诉26287件42195人，同比上升21%。检察公益诉讼制度的发展和完善也给生态环境检察工作提供了强大助力。2018年，全国检察机关共立案办理自然资源和生态环境类案件59312件，约占全部检察公益诉讼案件的一半，督促被毁损污染的耕地、湿地、林地、草原得到修复210万亩。据权威人士介绍，中国检察机关通过办理公益诉讼案件，与行政机关形成合力，能够解决公地治理的世界性难题，这是中国检察公益诉讼制度的独创之处。

怎样做到实行最严格生态环境保护制度?

实行最严格生态环境保护制度，离不开制度和法治。建设生态文明，是一场涉及生产方式、生活方式、思维方式和价值观念的革命性变革。只有实行最严格的制度、最严密的法治，才能为生态文明建设提供可靠保障。习近平总书记反复强调，在生态环境保护问题上，就是要不能越雷池一步，否则就应该受到惩罚。

当前，我国生态环境保护中存在的突出问题，大都与体制不完善、机制不健全、法治不完备有关。必须把制度建设作为推进生态文明建设的重中之重，加快生态文明体制改革，着力破解制约生态文明建设的体制机制障碍。

实行最严格生态环境保护制度，首先要完善经济社会发展考核评价体系。科学的考核评价体系犹如“指挥棒”，在生态文明制度建设中是最重要的。一定要彻底转变观念，再也不能以国内生产总值增长率来论英雄了，一定要把生态环境放在经济社会发展评价体系的突出位置。如果生态环境指标很差，一个地方一个部门的表面成绩再好看也不行，不说一票否决，但这一票一定要占很大的权重。要把资源消耗、环境损害、生态效益等体现生态文明建设状况的指标纳入经济社会发展评价体系，建立体现生态文明要求的目标体系、考核办法、奖惩机制，使之成为推进生态文明建设的重要导向和约束。

实行最严格生态环境保护制度，就要建立对领导干部的责任追究制度。“为官一任，造福一方”。各级政府、各级领导干部不仅是当地经济社会发展的领导者，更应当是生态资源环境的“守护神”。实践证明，生态环境保护能否落到实处，关键在领导干部。一些重大生态环境事件背后，都有领导干部不负责任、不作为的问题，都有一些地方环保意识不强、履职不到位、执行不严格的问题，都有环保有关部门执法监督作用发挥不到位、强制力不够的问题。要落实领导干部任期生态文明建设责任制，实行自然资源资产离任审计，认真贯彻依法依规、客观公正、科学认定、权责一致、终身追究的原则。要针对决策、执行、监管中的责任，明确各级领导干部责任追究情形。对造成生态环境损害负有责任的领导干部，不论是否已调离、提拔或者退休，都必须严肃追责。任何人都不能把一个地方环境搞得一塌糊涂，然后拍拍屁股走人，官还照当，不负任何责任。各级党委和政府要切实重视、加强领导，纪检监察机关、组织部门和政府有关监管部门要各尽其责、形成合力。一旦发现需要追责的情形，必须追责到底，决不能让制度规定成为没有牙齿的老虎。

实行最严格生态环境保护制度，还要建立健全资源生态环境管理制度。健全自然资源资产产权制度和用途管制制度，加快建立国土空间开发保护制度，健全能源、水、土地节约集约使用制度，强化水、大气、土壤等污染防治制度，建立反映市场供求和资源稀缺程度、体现生态价值和代际补偿的资源有偿使用制度和生态补偿制度，健全环境损害赔偿制度，强化制度约束作用。建立入海污染总量控制制度，从源头上有效控制陆源污染物入海排放。要完善海洋工程环境影响评价制度，坚决把好环评关口，杜绝严重损害海洋环境的项目上马。要尽快制定海岸线保护利用规划，从严控制围填海项目，保护滨海湿地，严肃查处边申请、边审批、边施工的“三边工程”以及化整为零、越权审批的做法。要加快建立海洋生态补偿和生态损害赔偿制度，开展海洋修复工程，推进海洋自然保护区建设，完善海洋环境突发事件应急反应机制。

实行最严格生态环境保护制度，还要把生态文明建设纳入制度化、法治化轨道。推动绿色发展，建设生态文明，重在建章立制，用最严格的制度、最严密的法治保护生态环境。要完善法律体系，以法治理念、法治方式推动生态文明建设。要加强生态文明宣传教育，增强全民节约意识、环保意识、生态意识，营造爱护生态环境的良好风气。要加大环境督查工作力度，严肃查处违纪违法行为，着力解决生态环境方面的突出问题，让人民群众不断感受到生态环境的改善。

怎样建设一支生态环境保护铁军？

2018年5月18日，习近平总书记在全国生态环境保护大会上提出："要建设一支生态环境保护铁军，政治强、本领高、作风硬、敢担当，特别能吃苦、特别能战斗、特别能奉献。打好污染防治攻坚战，是得罪人的事。各级党委和政府要关心、支持生态环境保护队伍建设，主动为敢干事、能干事的干部撑腰打气。"①

加强生态文明建设、打好污染防治攻坚战，既是一场硬仗，也是一桩得罪人的难事。没有一支各方面全面过硬的铁军，是无法承担如此重任的。政治强、本领高、作风硬、敢担当，特别能吃苦、特

① 习近平：《推动我国生态文明建设迈上新台阶》，载《求是》2019年第3期。

别能战斗、特别能奉献，是完成时代的使命、担当民族的重任、不负党和人民的重托必须具备的素质。只有锤炼出这样一支铁军，生态文明建设持久战和污染防治攻坚战才能稳操胜券。

打造这样一支铁军，首先要做到政治强。要对党绝对忠诚，认识到生态环境是关系党的使命宗旨的重大政治问题，也是关系民生的重大社会问题。生态环境保护是一项业务性很强的政治工作，必须将严守政治纪律和政治规矩贯穿生态环境保护工作全过程和各方面。要不断增强“四个意识”，坚决维护党中央权威和集中统一领导，坚决担负起生态文明建设的政治责任，坚决把以习近平同志为核心的党中央关于生态文明建设和打好污染防治攻坚战的各项重大决策部署落到实处。人心是最大的政治。一方面，蓝天白云、繁星闪烁，是民之所愿；清水绿岸、鱼翔浅底，是民之所盼；鸟语花香、田园风光，是民之所望。满足人民对美好生活的向往是我们党的奋斗目标，解决人民最关心最直接最现实的利益问题是我们党的使命所在。另一方面，如果突出生态环境问题解决不好，则会严重影响人民群众生产生活，老百姓意见大、怨言多，甚至成为诱发社会不稳定的重要因素。因此，切实担负起生态文明建设的政治责任，高度负责地履行好生态环境保护职责，就是讲政治的集中体现，也是在生态文明建设上讲政治的基本要求。

打造这样一支铁军，还要做到本领高。生态环境保护专业性强，特别需要有精益求精、一丝不苟的专业精神，有刻苦钻研、勇攀高峰的科研精神，有尊重规律、开拓进取的创新精神。此外，特别要坚持在推进污染防治攻坚战中形成的行之有效的工作策略和方法。一是做到稳中求进。既打攻坚战，又打持久战；既尽力而为，又量力而行；既要有坚定的决心和信心，也要有历史的耐心和恒心。二是做到统筹兼顾。既追求环境效益，又追求经济效益和社会效益，力争同时实现“三个有利于”，即有利于减少污染物排放，改善生态环境质量；有利于推动结构调整优化，促进经济高质量发展；有利于解决老百姓身边的突出环境问题，促进社会和谐稳定。三是做到综合施策。既发挥好行政、法治手段的约束作用，又发挥好经济、市场和技术手段的支撑保障作用。四是做到两手发力。既抓宏观又抓微观。抓宏观方面要发挥好传统优势，强化顶层设计、政策制定和统筹指导。同时充分调动基层的积极性和创造性，更加依靠地方落实好各项任务措施。五是做到点面结合。既整体推进，又突出重点，紧盯重点区域、重点领域、重点问题，集中有限的人力、物力和财力，力求实现重点突破，带动整体推进。六是做到求真务实。既妥善解决好历史遗留问题，又攻坚克难把基础夯实。确保实现没有“水分”的生态环境质量改善，确保攻坚战实效经得起历史和时间的检验。

打造这样一支铁军，要做到作风硬。打好污染防治攻坚战这场大仗、硬仗和苦仗，必须有一支作风过硬的铁军队伍。抓队伍作风建设，既是贯彻全面从严治党的必然要求，也是打造生态环境保护铁军的内在要求。当前，生态环境系统还存在表态多调门高、行动少落实差等形式主义和官僚主义新表现，不思进取、不敢担当、不接地气、不抓落实等突出问题依然存在，甚至在某些地方还比较严重，对生态环境保护队伍的公信力、执行力和战斗力危害很大，是打造生态环境保护铁军的大敌，是影响党中央重大决策部署贯彻落实的大敌。要全面加强作风建设，以更大的决心、下更大的气力、采取更有针对性的措施，惩治、教育、制度并重，根治影响干部队伍的作风顽疾，加快打造生态环境保护铁军，为打好打胜污染防治攻坚战铸牢队伍保障和纪律保障。

打造这样一支铁军，要做到敢担当。要在生态文明建设上始终代表和维护人民群众的根本利益，敢于同一切损害人民群众利益的行为作斗争，敢于突破一切破坏生态资源环境的利益固化的藩篱。要积极回应人民群众所急、所想、所盼，提供更多优质生态产品，不断满足人民群众日益增长的优美生态环境需要。这样才能在增进人民群众生态环境获得感的同时，得到人民群众支持，使攻坚战和持久战成为一场人民战争。要不断强化斗争意识、斗争精神、斗争魄力，充分注意、坚决克服自满松懈的情绪和心态、畏难退缩的情绪和心态、简单浮躁的情绪和心态、与己无关的情绪和心态，做到守土有责、守土尽责，分工协作、共同发力，为美丽中国再建新功。

打造这样一支铁军，还要做到“三个特别”，即特别能吃苦、特别能战斗、特别能奉献。党的十八大以来，生态环保队伍动真碰硬、利剑治污，以最严格的制度、最严密的法治打破了长期以来“经济发展一手较硬、生态环境保护一手较软”的怪圈。中央环保督察实现全国全覆盖，督察人员推动解决8万多个群众身边的突出环境问题，震慑强烈；对各级领导干部的审计，从以往“审钱”拓展到“审绿”，锱铢必较。正是这支生态环保队伍特别能吃苦、特别能战斗、特别能奉献，为人民群众守护绿水青山、留住蓝天白云。

为什么要加强党对生态文明建设的领导？如何加强党对生态文明建设的领导？

东西南北中，党政军民学，党是领导一切的。中国共产党是中国特色社会主义事业的坚强领导核心，是最高政治领导力量。中国共产党领导是中国特色社会主义最本质的特征，也是中国特色社会主义制度最大的优势。全面推进生态文明建设，同样要加强党对生态文明建设的领导。

加强党对生态文明建设的领导，必须充分发挥党总揽全局、协调各方的领导优势。加强生态环境保护、坚决打好污染防治攻坚战是党和国家的重大决策部署，各级党委和政府要强化对生态文明建设和生态环境保护的总体设计和组织领导，统筹协调处理重大问题，指导、推动、督促各地区各部门落实党中央、国务院重大政策措施。

加强党对生态文明建设的领导，必须落实党政主体责任。落实领导干部生态文明建设责任制，严格实行党政同责、一岗双责。地方各级党委和政府必须坚决扛起生态文明建设和生态环境保护的政治责任，对本行政区域的生态环境保护工作及生态环境质量负总责，主要负责人是本行政区域生态环境保护第一责任人，至少每季度研究一次生态环境保护工作，其他有关领导成员在职责范围内承担相应责任。各地要制定责任清单，把任务分解落实到有关部门。抓紧出台中央和国家机关相关部门生态环境保护责任清单。各相关部门要履行好生态环境保护职责，制定生态环境保护年度工作计划和措施。各地区各部门落实情况每年向党中央、国务院报告。

加强党对生态文明建设的领导，必须严格责任追究。对省（自治区、直辖市）党委和政府以及负有生态环境保护责任的中央和国家机关有关部门贯彻落实党中央、国务院决策部署不坚决不彻底、生态文明建设和生态环境保护责任制执行不到位、污染防治攻坚任务完成严重滞后、区域生态环境问题突出的，约谈主要负责人，同时责成其向党中央、国务院作出深刻检查。对年度目标任务未完成、考核不合格的市、县（市、区），党政主要负责人和相关领导班子成员不得评优评先。对在生态环境方面造成严重破坏负有责任的干部，不得提拔使用或者转任重要职务。对不顾生态环境盲目决策、违法违规审批开发利用规划和建设项目的，对造成生态环境质量恶化、生态严重破坏的，对生态环境事件多发高发、应对不力、群众反映强烈的，对生态环境保护责任没有落实、推诿扯皮、没有完成工作任务的，依纪依法严格问责、终身追责。

加强党对生态文明建设的领导，必须建立科学合理的考核评价体系，考核结果作为各级领导班子和领导干部奖惩和提拔使用的重要依据。要实施最严格的考核问责。对那些损害生态环境的领导干部，只有真追责、敢追责、严追责，做到终身追责，制度才不会成为“稻草人”“纸老虎”“橡皮筋”。有些地方生态环境问题多发频发，被约谈、被曝光，当地党政负责人不但没受处罚，反倒升迁了、被重用了，真是咄咄怪事！这种事情决不允许再发生！要狠抓一批反面典型，特别是要抓住破坏生态环境的典型案例不放，严肃查处，以正视听，以儆效尤。

打好污染防治攻坚战时间紧、任务重、难度大，是一场大仗、硬仗、苦仗，必须加强党的领导。党中央、国务院印发《关于全面加强生态环境保护坚决打好污染防治攻坚战的意见》，对打好污染防治攻坚战作出全面部署。各地区各部门要增强“四个意识”，坚决维护党中央权威和集中统一领导，坚决担负起生态文明建设的政治责任，全面贯彻落实党中央决策部署。

党中央和国务院印发的《关于全面加强生态环境保护　坚决打好污染防治攻坚战的意见》提出了哪些重要举措?

2018年5月18日，习近平总书记在全国生态环境保护大会上发表了重要讲话，同年6月16日，党中央和国务院印发了《关于全面加强生态环境保护　坚决打好污染防治攻坚战的意见》(同年6月25日《人民日报》全文刊发，以下简称《意见》)。

制定这个《意见》的指导思想，是为了深入学习贯彻习近平新时代中国特色社会主义思想和党的十九大精神，决胜全面建成小康社会，全面加强生态环境保护，打好污染防治攻坚战，提升生态文明，建设美丽中国。

《意见》共1.2万字，分为十个部分。一是深刻认识生态环境保护面临的形势，二是深入贯彻习近平生态文明思想，三是全面加强党对生态环境保护的领导，四是总体目标和基本原则，五是推动形成绿色发展方式和生活方式，六是坚决打赢蓝天保卫战，七是着力打好碧水保卫战，八是扎实推进净土保卫战，九是加快生态保护与修复，十是改革完善生态环境治理体系。《意见》的前三个部分，深入分析当前形势，明确指导思想和领导保证。《意见》的第四个部分，明确了生态文明建设和生态环境保护工作始终坚持的原则，以及在决胜全面建成小康社会、基本实现社会主义现代化、建设社会主义现代化强国三个阶段的目标。《意见》的后六个部分，明确提出了具体举措。

《意见》提出必须坚持的五项基本原则是：坚持保护优先，强化问题导向，突出改革创新，注重依法监管，推进全民共治。

关于推动形成绿色发展方式和生活方式，《意见》提出以下措施：一是促进经济绿色低碳循环发展，二是推进能源资源全面节约，三是引导公众绿色生活。同时，《意见》还要求坚持节约优先，加强源头管控，转变发展方式，培育壮大新兴产业，推动传统产业智能化、清洁化改造，加快发展节能环保产业，全面节约能源资源，协同推动经济高质量发展和生态环境高水平保护。

关于坚决打赢蓝天保卫战，《意见》提出以下措施：一是加强工业企业大气污染综合治理，二是大力推进散煤治理和煤炭消费减量替代，三是打好柴油货车污染治理攻坚战，四是强化国土绿化和扬尘管控，五是有效应对重污染天气。同时，《意见》还要求编制实施打赢蓝天保卫战三年作战计划，以京津冀及周边、长三角、汾渭平原等重点区域为主战场，调整优化产业结构、能源结构、运输结构、用地结构，强化区域联防联控和重污染天气应对，进一步明显降低PM2.5浓度，明显减少重污染天数，明显改善大气环境质量，明显增强人民的蓝天幸福感。

关于着力打好碧水保卫战，《意见》提出以下措施：一是打好水源地保护攻坚战，二是打好城市黑臭水体治理攻坚战，三是打好长江保护修复攻坚战，四是打好渤海综合治理攻坚战，五是打好农业农村污染治理攻坚战。同时，《意见》还要求深入实施水污染防治行动计划，扎实推进河长制湖长制，坚持污染减排和生态扩容两手发力，加快工业、农业、生活污染源和水生态系统整治，保障饮用水安全，消除城市黑臭水体，减少污染严重水体和不达标水体。

关于扎实推进净土保卫战，《意见》提出以下措施：一是强化土壤污染管控和修复，二是加快推进垃圾分类处理，三是强化固体废物污染防治。同时，《意见》还要求全面实施土壤污染防治行动计划，突出重点区域、行业和污染物，有效管控农用地和城市建设用地土壤环境风险。

关于加快生态保护与修复，《意见》提出以下措施：一是划定并严守生态保护红线，二是坚决查处生态破坏行为，三是建立以国家公园为主体的自然保护地体系。同时，《意见》还要求坚持自然恢复为主，统筹开展全国生态保护与修复，全面划定并严守生态保护红线，提升生态系统质量和稳定性。

关于改革完善生态环境治理体系，《意见》提出以下措施：一是完善生态环境监管体系，二是健全生态环境保护经济政策体系，三是健全生态环境保护法治体系，四是强化生态环境保护能力保障体系，五是构建生态环境保护社会行动体系。同时，《意见》还要求深化生态环境保护管理体制改革，完善生态环境管理制度，加快构建生态环境治理体系，健全保障举措，增强系统性和完整性，大幅提升治理能力。

QUESTION
AND
ANSWER

05

时代意义篇

共谋全球生态文明建设对推动全球治理有哪些重大意义？

当今世界正在经历新一轮大发展大变革大调整，各国经济社会发展联系日益密切，全球治理体系和国际秩序变革加速推进。同时，世界经济深刻调整，保护主义、单边主义抬头，经济全球化遭遇波折，多边主义和自由贸易体制受到冲击，不稳定不确定因素依然很多，风险挑战加剧。在这一大背景下，推动全球治理、构建人类命运共同体，是一个关系各国稳定发展的重大课题。

生态文明，自世界各国加速推进工业化、现代化以来，一直是关乎人类共同利益的重要问题。特别是面对经济全球化带来的机遇和挑战，共同维护好、发展好人类社会和全球生态的大系统，成为普遍关注的问题。生态环境问题，突出表现在臭氧层破坏、气候变暖、危险废弃物越境转移等，成为全球治理的重要内容。国际社会相继达成关于气候变化、荒漠化、臭氧层保护、持久性有机污染物、生物多样性等国际公约，成为全球生态环境治理的积极成果。与此同时，围绕这些国际公约的维护与履约，全球生态环境治理正面临着严峻的考验与挑战。

共谋全球生态文明建设，为推动全球治理贡献了中国方案。“人类命运共同体”理念对共谋全球环境治理有重要意义。从构建人类命运共同体的高度推进生态文明建设，是习近平生态文明思想的重要内容。国家主席习近平2015年在巴黎气候变化大会上提出，通过确立“人类命运共同体”理念，以实现“环境正义”为价值诉求，以走科技创新为主导的包容、共享和可持续的绿色发展道路为主要内容的全球环境治理的“中国方案”。习近平总书记在党的十九大报告中重申，中国要“引导应对气候变化国际合作，成为全球生态文明建设的重要参与者、贡献者、引领者”；呼吁国际社会“构建人类命运共同体，建设持久和平、普遍安全、共同繁荣、开放包容、清洁美丽的世界”。作为世界第一人口大国、第二大经济体，中国搞好生态文明建设，是对全球生态文明建设的有力引领和重要贡献。

共谋全球生态文明建设，为全球治理贡献了中国智慧。人类可以利用自然、改造自然，但人类归根结底也是自然的一部分，必须呵护自然、尊重自然，而不能凌驾于自然之上。中华文明历来推崇“天人合一”“仁民爱物”，对天地万物怀有仁爱之心。我国大力弘扬尊重自然规律、维护生态平衡的优秀传统文化，强调只有避免竭泽而渔、焚林而猎的过度索取，最终才能达到“万物各得其和以生，各得其养以成”的和合境界；教育引导人们牢固树立尊重自然、顺应自然、保护自然的观念，以人与自然和谐相处为目标，努力解决工业文明发展带来的生态文明创伤，实现可持续发展和人的全面发展。河北塞罕坝林场的建设者把昔日沙漠荒原变为充满生机的绿洲林海，获得联合国环境大会授予的“地球卫士奖”，生动诠释了“绿水青山就是金山银山”的理念，彰显了当代中国生态文明建设的智慧。

共谋全球生态文明建设，为全球治理贡献了中国担当。今天，生态环境危机已成为全球共同面临的挑战，没有哪个国家可以置身事外、独善其身。中国特色生态文明之路，本质上是对传统工业文明的扬弃。中国秉持人类命运共同体理念，积极推动实现联合国2030年可持续发展目标，将应对气候变化作为应尽的国际义务，在气候变化谈判和气候治理行动中展现出诚意、决心，体现了强烈的大国担当。

共谋全球生态文明建设，为全球治理贡献了中国经验。在有13亿多人口的最大发展中国家推进生态文明建设，建设美丽中国，无疑具有世界性影响。在国际上，中国在全球生态文明建设中交出了一份又一份亮丽的成绩单，贡献出中国经验。中国政府率先发布《中国落实2030年可持续发展议程国别方案》，向联合国交存《巴黎协定》批准文书，积极履行《生物多样性公约》和《蒙特利尔议定书》等国际环境公约。中国正在采取更加有力的行动推动二氧化碳减排，中国消耗臭氧层物质的淘汰量占发展中国家总量的50%以上，成为对全球臭氧层保护贡献最大的国家。在国内，中国正迎来全方位的生态觉醒。浙江丽水莲都的“小荷”项目、昌平辛庄的“垃圾不落地”都是一个个活生生的例子。联合国副秘书长兼环境规划署执行主任埃里克·索尔海姆由衷赞叹：“在过去5年时间里，中国的生态环境朝着积极的方向变化。这一转变让人惊叹，其发生速度也是人类历史上最快的。”

共谋全球生态文明建设，为全球治理贡献了中国力量。中国积极承担国际责任和义务，与世界各国共同应对全球环境挑战，增强在全球环境治理中的话语权和影响力，已成为全球生态文明建设的重要参与者、贡献者、引领者。中国一直本着负责任的态度，将应对气候变化作为转变发展方式的重大机遇，积极探索符合中国国情的低碳发展道路。在国家自主贡献中，中国提出将于2030年左右使二氧化碳排放达到峰值并争取尽早实现，届时单位国内生产总值二氧化碳排放比2005年下降60%—65%，非化石能源占一次能源消费比重达到20%左右。在气候变化国际合作方面，中国认真落实气候变化领域南南合作政策承诺，支持发展中国家特别是最不发达国家、内陆发展中国家、小岛屿发展中国家应对气候变化挑战。中国还在“一带一路”建设中与相关国家互助合作，开展造林绿化，共同改善环境，为维护全球生态安全贡献中国力量。

建设美丽中国对实现中华民族伟大复兴中国梦有哪些重大意义？

党的十九大报告把建设美丽中国作为建设社会主义现代化强国的奋斗目标之一，明确提出要为在本世纪中叶把我国建设成为富强民主文明和谐美丽的社会主义现代化强国而努力奋斗。这就为实现中华民族伟大复兴中国梦这一近代以来最伟大的梦想充实了新的内容，对在新时代社会主要矛盾变化后人民群众的热切期盼作出了及时回应，充分体现了人民群众对美好生活的向往就是中国共产党的奋斗目标这一以人民为中心的执政理念。

建设美丽中国奋斗目标的提出，为实现中华民族伟大复兴中国梦增添了新内容。党的十九大报告明确了实现建设美丽中国所必须经历的观念转变，这就是要牢固树立社会主义生态文明观。党的十九大报告重申了党的十八大确定的必须坚持节约优先、保护优先、自然恢复为主的方针。这一方针，不仅要贯彻到生态文明建设中，更要贯彻到“五位一体”总体布局中，体现到“四个全面”战略布局中。党的十九大报告还强调了建设美丽中国的具体路径，是形成节约资源和保护环境的空间格局、产业结构、生产方式、生活方式，并进一步明确了建设美丽中国所要构建的格局，是推动形成人与自然和谐发展现代化建设新格局。还明确了目标基本实现的重要标识，是还自然以宁静、和谐、美丽。

建设美丽中国奋斗目标的提出，为实现中华民族伟大复兴中国梦提出了新要求。这集中地体现在实现向绿色发展的转变上。推进绿色发展，是建设美丽中国的重要基础。加快建立绿色生产和消费的法律制度和政策导向，建立健全绿色低碳循环发展的经济体系，就是要从源头上推动经济实现绿色转型，减少资源消耗、减少污染排放、减少生态破坏。构建市场导向的绿色技术创新体系，就是要在创新驱动发展中，面向市场需求促进绿色技术的研发、转化、推广，用绿色技术改造形成绿色经济。发展绿色金融，就是要积极发展绿色信贷、绿色债券、绿色基金等，推进金融更好地服务于实体经济的绿色转型。壮大节能环保产业、清洁生产产业、清洁能源产业，就是要在这些绿色产业培育形成更多市场主体和新的增长点。推进能源生产和消费革命，就是要紧跟世界能源技术进步和产业变革新趋势，构建清洁低碳、安全高效的能源体系。推进资源全面节约和循环利用，就是要坚持节约资源的基本国策，推进节能、节水、节地、节材、节矿，节约一切自然资源。实施国家节水行动，就是要把节水提升到国家战略层面，大幅度减少水资源消耗，扭转水资源短缺的困局。实现生产系统和生活系统循环链接，就是要打通生产与消费环节，更好地推进循环经济发展。倡导简约适度、绿色低碳的生活方式，就是要使绿色消费成为每一个公民的责任，从自身做起，从自己的每一个行为做起，自觉为美丽中国建设作贡献。

建设美丽中国奋斗目标的提出，为实现中华民族伟大复兴中国梦贡献了新理念。我们要建设的现代化是人与自然和谐共生的现代化。既要创造更多物质财富和精神财富以满足人民日益增长的美好生活需要，也要提供更多优质生态产品以满足人民日益增长的优美生态环境需要。党的十九大报告深刻阐述了发展经济和保护环境的关系，丰富发展了社会主义生产目的，同习近平总书记关于保护生态环境就是保护生产力、改善生态环境就是发展生产力的思想高度一致。建设生态文明是我们党的行动纲领，我们要建设的生态文明是同社会主义联系在一起的，我们要实现的现代化是和生态文明相统一的，既是人与自然和谐共生的一种新的文明境界，更是新时代中国特色社会主义的重要内涵。

建设美丽中国奋斗目标的提出，为实现中华民族伟大复兴中国梦明确了新纲领。首先，在决胜全面建成小康社会阶段，要打赢污染防治攻坚战。正如习近平总书记2018年5月18日在全国环境保护大会上所说的："到2020年全面建成小康社会，是我们党向人民作出的庄严承诺。不能一边宣布全面建成小康社会，一边生态环境质量仍然很差，这样人民不会认可，也经不起历史检验。不管有多么艰难，都不可犹豫、不能退缩，要以壮士断腕的决心、背水一战的勇气、攻城拔寨的拼劲，坚决打好污染防治攻坚战。"①在基本实现社会主义现代化的战略安排上，把"生态环境根本好转，美丽中国目标基本实现"作为明确的奋斗目标之一；在把我国建成富强民主文明和谐美丽的社会主义现代化强国的战略安排上，把"生态文明将全面提升"作为明确的奋斗目标之一。

建设美丽中国奋斗目标的提出，为实现中华民族伟大复兴中国梦作出了新部署。在党的十九大报告中，围绕建设美丽中国提出了四大部署：一是推进绿色发展；二是着力解决突出环境问题；三是加大生态系统保护力度；四是改革生态环境监管体制。在2018年5月全国生态环境保护大会后由党中央和国务院颁布的《关于全面加强生态环境保护　坚决打好污染防治攻坚战的意见》中，针对聚焦打赢污染防治攻坚战进一步作出以下部署：推动形成绿色发展方式和生活方式；坚决打赢蓝天保卫战；着力打好碧水保卫战；扎实推进净土保卫战；加快生态保护与修复；改革完善生态环境治理体系。

---

① 习近平：《推动我国生态文明建设迈上新台阶》，载《求是》2019年第3期。

建设美丽中国对建设社会主义现代化强国有哪些重大意义？

党的十九大明确提出建设美丽中国的奋斗目标，并把这一目标作为建设社会主义现代化强国的重要方面。这在社会主义现代化建设史上具有深远影响和重大意义。

建设美丽中国的提出，丰富了建设社会主义现代化强国的内涵。建设美丽中国奋斗目标的确立，既形成了中国特色社会主义“五位一体”总体布局，也形成了建设社会主义现代化强国的五大奋斗目标。建设美丽中国战略任务的明确，既提出了统筹推进“五位一体”总体布局的战略任务，也明确了“我国物质文明、政治文明、精神文明、社会文明、生态文明将全面提升”的战略任务。“五大文明”全面提升的战略任务，是建设社会主义现代化强国的历史使命所赋予的。建设美丽中国发展理念的形成，凸显了“五大文明”全面建设和人的全面发展的根本要求。不断实现“五大文明”全面建设和人的全面发展，是建设社会主义现代化强国的应有之义，也是中国特色社会主义制度优越性的体现。

建设美丽中国的提出，为建设社会主义现代化强国提供了生态文明支撑。进入新时代，随着社会主要矛盾变化，解决人民日益增长的美好生活需要和不平衡不充分的发展之间的矛盾对生态环境保护提出许多新要求，建设社会主义现代化强国必须补齐生态文明建设这个短板。当前，生态文明建设正处于压力叠加、负重前行的关键期，已进入提供更多优质生态产品以满足人民日益增长的优美生态环境需要的攻坚期，也到了有条件、有能力解决突出生态环境问题的窗口期。必须加大力度、加快治理、加紧攻坚，打好标志性的重大战役，为人民创造良好生产生活环境。必须不断提高对生态文明建设重要意义的认识，牢固树立保护生态环境就是保护生产力，改善生态环境就是发展生产力的思想。坚持和贯彻绿色发展理念，平衡和处理好发展与保护的关系，推动形成绿色发展方式和生活方式，坚定不移走生产发展、生活富裕、生态良好的文明发展道路。在从决胜全面建成小康社会到基本实现社会主义现代化，再到建成社会主义现代化强国的新时代征程上，推动生态文明建设连续跨上从打赢污染防治攻坚战到“生态环境根本好转，美丽中国目标基本实现”，再到物质文明、政治文明、精神文明、社会文明、生态文明全面提升这三大台阶。

建设美丽中国的提出，为建设社会主义现代化强国提供了振兴农村实现城乡协调发展的发展战略。现阶段，我国发展最薄弱的环节在农村，全面建成小康社会和建设社会主义现代化强国，最艰巨、最繁重的任务在农村。最直观的体现是人居环境和农村基础设施与城市差距大，如厕难、环境脏、水质差、路不通、快递送不到等问题较为突出。评价一个村庄美不美，首先要看这个村庄是否干净、整洁，人居环境是重要衡量标准。加快推进农村人居环境整治，就要坚持“绿水青山就是金山银山”的理念，推动农村形成绿色发展方式和生活方式，使优美的生态环境成为支撑农村持续发展的核心竞争力。要更好地满足人民群众对美好生活的向往，就要切实增加农民收入，让农民真正富起来。这就需要为农民修好进村公路、搭好创业就业平台、做好现代科技服务、提供农业技术培训等，形成促进农民增收的长效机制。一方面，要推动农村人居环境整治工作从典型示范转向面上推开，推动乡村自然资本加快增值，让良好生态成为乡村振兴的支撑点；另一方面，要加快补齐农村路、电、水、房、网等基础设施短板，完善县乡村物流基础设施网络，改善农村生产生活条件，进一步缩小城乡差距，让广大农民群众不仅过上好日子、住上好房子，而且要把乡村建设成为令人向往的美好家园，让农民与市民共享改革与发展成果。

建设美丽中国的提出，为建设社会主义现代化强国提供了实现人与自然和谐发展的崭新途径。习近平总书记指出：“我们要建设的现代化是人与自然和谐共生的现代化，既要创造更多物质财富和精神财富以满足人民日益增长的美好生活需要，也要提供更多优质生态产品以满足人民日益增长的优美生态环境需要。”[①]美丽中国建设的推进，将有力推动我国的社会主义现代化进程脱离以高速度发展、高污染、高耗能为标志的现代化发展阶段，进入实现人与自然和谐共生的现代化新阶段。在这一阶段，我们不仅能彻底告别“先污染后治理”的传统工业化老路，而且能够破解在经济发展与生态保护关系上的“两难问题”。通过贯彻落实“人与自然和谐共生的现代化”的要求，既能创造更多物质财富和精神财富以满足人民日益增长的美好生活需要，也能提供更多优质生态产品以满足人民日益增长的优美生态环境需要，在经济社会发展与生态资源保护上真正做到“熊掌与鱼肉兼得”。

---

①《习近平：加快生态文明体制改革　建设美丽中国》，新华社，2017年10月18日。

作为实现社会主义现代化的奋斗目标，如何正确认识和把握“美丽”与“富强民主文明和谐”的关系？

把“美丽”作为建设社会主义现代化的重要奋斗目标和重要战略任务，同“富强民主文明和谐”一起写入于2017年党的十九大通过的党章修正案和2018年全国人大十三届一次会议通过的宪法修正案，是我们在什么是社会主义现代化、怎样实现社会主义现代化问题上的一次深刻的自我革命，也是学习贯彻落实习近平生态文明思想的重要成果。

正确认识和把握“美丽”与“富强民主文明和谐”的关系，需要从以下几方面入手。

第一，要从建设社会主义现代化强国的目标和任务来认识和把握“美丽”与“富强民主文明和谐”的关系。“富强、民主、文明、和谐、美丽”，是社会主义现代化强国的建设目标，也是建设社会主义现代化强国的主要任务。“富强”即人民富裕、国家强盛，事关建设社会主义现代化强国的物质基础，是经济建设的主要任务，也是建设社会主义现代化强国在经济建设上的奋斗目标。“民主”即实现中国共产党领导、人民当家作主、依法治国的高度统一，事关建设社会主义现代化强国的政治根基，是政治建设的主要任务，也是建设社会主义现代化强国在政治建设上的奋斗目标。“文明”即社会主义精神文明和社会主义文化繁荣兴盛，事关建设社会主义现代化强国的精神文化支撑，是文化建设的主要任务，也是建设社会主义现代化强国在文化建设上的奋斗目标。“和谐”即人民幸福、社会和谐、国泰民安，事关建设社会主义现代化强国的社会基础，是社会建设的主要任务，也是建设社会主义现代化强国在社会建设上的奋斗目标。“美丽”即树立尊重自然、顺应自然、保护自然的生态文明理念，还自然以宁静、和谐、美丽，事关建设社会主义现代化强国的生态安全，是生态文明建设的主要任务，也是建设社会主义现代化强国在生态文明建设上的奋斗目标。“生态兴则文明兴，生态衰则文明衰。”在建设社会主义现代化强国的奋斗历程中，必须很好把握“美丽”与“富强民主文明和谐”的关系，全面推进和加强国家生态安全与国家物质基础、政治根基、文化支撑、社会基础，做到有机结合、相互促进、相互支撑、相互保障。

第二，要从中国特色社会主义“五位一体”总体布局来认识和把握“美丽”与“富强民主文明和谐”的关系。随着经济社会发展和实践深入，我们对中国特色社会主义总体布局的认识不断深化，从当年的“两个文明”到“三位一体”“四位一体”，再到今天的“五位一体”，既是重大理论和实践创新，更带来了发展理念和发展方式的深刻转变。将经济建设、政治建设、文化建设、社会建设、生态文明建设作为中国特色社会主义“五位一体”总体布局，不仅大大提升了生态文明建设的战略地位，而且深化了对中国特色社会主义总体布局的规律性认识。中国特色社会主义是全面发展的社会主义。经济建设为中国特色社会主义提供物质基础，政治建设为中国特色社会主义提供政治保障，文化建设为中国特色社会主义提供精神动力，社会建设为中国特色社会主义提供有利社会条件，生态文明建设则为中国特色社会主义提供基本的自然环境。“五位一体”的总体布局，把社会主义物质文明、政治文明、精神文明、社会文明、生态文明和人的全面发展，统一于中国特色社会主义伟大实践，蕴涵着社会主义的本质要求和发展规律，构成了实现社会主义现代化的基本纲领。

第三，要从创新、协调、绿色、开放、共享新发展理念来认识和把握“美丽”与“富强民主文明和谐”的关系。发展理念是战略性、纲领性、引领性的东西，是发展思路、发展方向、发展着力点的集中体现。创新、协调、绿色、开放、共享的发展理念不是凭空得来的，而是针对我国发展中所遇到的突出矛盾和突出问题而提出来的，集中反映了我们党对经济社会发展规律认识的深化。“创新发展”注重的是解决发展动力问题。五大建设都要把创新作为引领发展的第一动力，把人才作为支撑发展的第一资源，把创新摆在国家发展全局的核心位置，不断推进理论创新、制度创新、科技创新、文化创新等各方面创新。“协调发展”注重的是解决发展不平衡问题。在经济发展水平落后的情况下，一段时间的主要任务是要跑得快，但跑过一定路程后，就要注意调整关系，注重发展的整体效能，否则“木桶效应”就会愈加显现，一系列社会矛盾会不断加深。五大建设都要不断增强发展整体性。“绿色发展”注重的是解决人与自然和谐问题。绿色循环低碳发展，是当今时代科技革命和产业变革的方向，是最有前途的发展领域，我国在这方面的潜力相当大，可以形成很多新的经济增长点。五大建设都要实现“绿色发展”的转变。“开放发展”注重的是解决发展内外联动问题。“共享发展”注重的是解决社会公平正义问题。坚持和贯彻新发展理念，是关系我国发展全局的一场深刻变革。只有深入贯彻新发展理念，才能在更高层次上，实现建设社会主义现代化强国的奋斗目标。

第四，要从新时代社会主要矛盾变化对社会主义现代化发展的内在要求来认识和把握“美丽”与“富强民主文明和谐”的关系。现在，随着我国社会主要矛盾转化为人民日益增长的美好生活需要和不平衡不充分的发展之间的矛盾，人民群众对优美生态环境的需要已经成为这一矛盾的重要方面，广大人民群众热切期盼加快提高生态环境质量。我们要建设的现代化是人与自然和谐共生的现代化，既要创造更多物质财富和精神财富以满足人民日益增长的美好生活需要，也要提供更多优质生态产品以满足人民日益增长的优美生态环境需要。人民对美好生活的向往是我们党的奋斗目标，解决人民最关心、最直接、最现实的利益问题是执政党使命所在。人心是最大的政治。我们要积极回应人民群众所想、所盼、所急，大力推进生态文明建设，提供更多优质生态产品，不断满足人民日益增长的优美生态环境需要。生态环境是关系党的使命宗旨的重大政治问题，也是关系民生的重大社会问题。无论是通过经济建设不断实现“富强”的目标，还是通过政治建设不断实现“民主”的目标，通过文化建设不断实现“文明”的目标，通过社会建设不断实现“和谐”的目标，都必须遵循和体现人与自然和谐共生的理念，都必须以生态文明建设为基础。

第五，要从坚定走生产发展、生活富裕、生态良好的文明发展道路来认识和把握“美丽”与“富强民主文明和谐”的关系。生产发展，是社会进步的前提。生活富裕，不断提高整个社会的物质和精神生活水平，使社会财富得到合理分配，使全体社会成员共享发展成果，人类文明才能不断进步。生态良好，合理利用自然资源，保护和优化生态环境，坚持可持续发展，实现人与自然和谐相处，人类文明才能得到持久永续发展。把握总体布局，全面推进中国特色社会主义事业，就是要坚持以生产发展为基础，以生活富裕为目的，以生态良好为条件，努力实现社会经济系统和自然生态系统的良性循环；就是要使社会生产力特别是先进生产力不断发展，国家的经济实力和综合国力不断增强，人们生活质量和富裕程度持续提高，享有的民主权利和法制保障更加充分，精神生活和精神追求更加丰富高尚，社会更加和谐稳定和充满活力，人们在良好生态环境中生产生活。

建设美丽中国对实现从经济高速度增长转向高质量发展具有怎样的重要意义？

党的十八大以来，将生态文明建设提到前所未有的全局和战略高度，在新发展理念中提出“绿色发展”理念，明确我国经济发展进入新时代的基本特征就是我国经济已由高速度增长阶段转向高质量发展阶段，这对于未来中国经济社会发展走向具有深远的决定意义的影响。

推动高质量发展，是保持经济持续健康发展的必然要求，是适应我国社会主要矛盾变化和全面建成小康社会、全面建设社会主义现代化国家的必然要求，是遵循经济规律发展的必然要求。推动高质量发展是当前和今后一个时期确定发展思路、制定经济政策、实施宏观调控的根本要求，要以习近平新时代中国特色社会主义经济思想为指导，推动质量变革、效率变革、动力变革，加快形成推动高质量发展的指标体系、政策体系、标准体系、统计体系、绩效评价、政绩考核，创建和完善制度环境，推动我国经济在实现高质量发展上不断取得新进展。

建设美丽中国就要认真贯彻绿色发展理念，由此形成的发展理念变革有力推动我国经济从经济高速度增长转向高质量发展。在推动绿色生产生活方式转变方面，加快建立绿色生产和消费的法律制度和政策导向，建立健全绿色低碳循环发展的经济体系。构建市场导向的绿色技术创新体系，发展绿色金融，壮大节能环保产业、清洁生产产业、清洁能源产业。推进能源生产和消费革命，构建清洁低碳、安全高效的能源体系。推进资源全面节约和循环利用，实施国家节水行动，降低能耗、物耗，实现生产系统和生活系统循环链接。倡导简约适度、绿色低碳的生活方式，反对奢侈浪费和不合理消费，开展创建节约型机关、绿色家庭、绿色学校、绿色社区和绿色出行等行动。在推动区域协调发展战略中，把生态环境保护和生态文明建设摆在更加突出的位置，优先考虑、优先设计、优先安排。推进长江经济带发展要以生态优先、绿色发展为引领，决不走以牺牲生态环境换取经济发展的老路。生态环境问题归根结底是发展方式和生活方式问题，要从根本上解决生态环境问题，必须贯彻创新、协调、绿色、开放、共享的发展理念，加快形成节约资源和保护环境的空间格局、产业结构、生产方式、生活方式，把经济活动、人的行为限制在自然资源和生态环境能够承受的限度内，给自然生态留下休养生息的时间和空间。

建设美丽中国就要切实打赢污染防治攻坚战，由此形成的倒逼机制能有力推动我国经济从经济高速度增长转向高质量发展。随着打赢污染防治攻坚战深入推进，“三去一降一补”日见成效，经济向高质量转型发展的倒逼机制已经形成，有利于加快推进生态文明建设的大环境业已出现。在我国经济由高速度增长阶段转向高质量发展阶段过程中，污染防治和环境治理是需要跨越的一道重要关口。我们必须咬紧牙关，爬过这个坡，迈过这道坎。要保持加强生态环境保护建设的定力，不动摇、不松劲、不开口子。只有恢复绿水青山，才能使绿水青山变成金山银山。这就要继续打好污染防治攻坚战，实施好“十三五”规划确定的生态保护修复重大工程，使主要污染物排放总量大幅减少，生态环境质量总体改善，重点是打赢蓝天保卫战，调整产业结构，淘汰落后产能，调整能源结构，加大节能力度和考核，调整运输结构。启动大规模国土绿化行动，引导国企、民企、外企、集体、个人、社会组织等各方面资金投入，培育一批专门从事生态保护修复的专业化企业。深入实施“水十条”，全面实施“土十条”。加快生态文明体制改革，健全自然资源资产产权制度，研究建立市场化、多元化生态补偿机制，改革生态环境监管体制。

建设美丽中国就要贯彻坚持节约优先、保护优先、自然恢复为主的方针，由此形成的转型机制有力推动我国经济从经济高速度增长转向高质量发展。生态环境没有替代品，用之不觉，失之难存。在整个发展过程中，我们都要坚持节约优先、保护优先、自然恢复为主的方针，不能只讲索取不讲投入，不能只讲发展不讲保护，不能只讲利用不讲修复。要坚决摒弃唯增长速度的错误观念，多谋打基础、利长远的善事，多干保护自然、修复生态的实事，多做治山理水、显山露水的好事。要推进中国制造向中国创造转变，中国速度向中国质量转变，制造大国向制造强国转变。深化要素市场化配置改革，重点在“破”“立”“降”上下功夫。大力破除无效供给，把处置“僵尸企业”作为重要抓手，推动化解过剩产能；大力培育新动能，强化科技创新，推动传统产业优化升级，培育一批具有创新能力的排头兵企业，积极推进军民融合深度发展；大力降低实体经济成本，降低制度性交易成本，继续清理涉企收费，加大对乱收费的查处和整治力度，深化电力、石油天然气、铁路等行业的改革，降低用能、物流成本。

建设美丽中国就要顺应社会主要矛盾变化的新要求，由此形成的供给与需求变化有力推动我国经济从高速度增长转向高质量发展。随着社会主要矛盾变化，人民群众对优美生态环境的需要已经成为这一矛盾的重要方面，广大人民群众热切期盼加快提高生态环境质量，居住在广大农村的居民，迫切希望望得见山、看得见水、记得住乡愁，居住在城市的居民，迫切希望看得见蓝天白云、闻得到鸟语花香、望得到青山碧水，同时也期盼政府和社会提供更多优质生态产品，不断满足人民日益增长的优美生态环境需要。这就对供给侧结构性改革提出了更高要求，不但要创造更多物质财富和精神财富以满足人民日益增长的美好生活需要，也要提供更多优质生态产品以满足人民日益增长的优美生态环境需要。这就需要在大幅度提升我国生态环境保护能力的同时，大幅度提升优质生态产品的供给能力，大力发展生态环保产业和其他绿色产业。

建设美丽中国就要探索以生态优先、绿色发展为导向的高质量发展新路子。保护生态环境和发展经济从根本上讲是有机统一、相辅相成的。不能因为经济发展遇到一点困难，就开始动铺摊子上项目、以牺牲环境换取经济增长的念头，甚至想方设法突破生态保护红线。保护生态环境和发展经济从根本上讲是有机统一、相辅相成的。要坚持底线思维，以国土空间规划为依据，把城镇、农业、生态空间和生态保护红线、永久基本农田保护红线、城镇开发边界作为调整经济结构、规划产业发展、推进城镇化不可逾越的红线，立足本地资源禀赋特点，体现本地优势和特色。要贯彻新发展理念，统筹好经济发展和生态环境保护建设的关系，努力探索出一条符合战略定位、体现特色，以生态优先、绿色发展为导向的高质量发展新路子。

党的十九大围绕建设社会主义现代化国家奋斗目标在生态文明建设方面提出了哪些要求？其意义有哪些？

我们党一贯高度重视对社会主义现代化建设目标的顶层设计和战略安排。改革开放之后，党的十三大根据邓小平同志的意见，对我国社会主义现代化建设作出战略安排，提出“三步走”战略目标：第一步，实现国民生产总值比1980年翻一番，解决人民的温饱问题；第二步，到20世纪末，使国民生产总值再增长一倍，人民生活达到小康水平；第三步，到21世纪中叶，人均国民生产总值达到中等发达国家水平，人民生活比较富裕，基本实现现代化。解决人民温饱问题的任务，在1987年党的十三大召开时已经基本实现。人民生活总体上达到小康水平的目标，在世纪之交也已提前实现。在这个基础上，党的十六大提出“两个一百年”的奋斗目标。

在党的十九大上，又进一步提出：从现在到2020年，是全面建成小康社会决胜期。从2020年到本世纪中叶可以分两个阶段来安排。第一个阶段，从2020年到2035年，在全面建成小康社会的基础上，再奋斗15年，基本实现社会主义现代化；从2035年到本世纪中叶，在基本实现现代化的基础上，再奋斗15年，把我国建成富强民主文明和谐美丽的社会主义现代化强国。这样就完整地形成了新时代中国特色社会主义发展的战略安排。这在中华民族伟大复兴的历史上，特别是中华民族迎来从站起来、富起来到强起来的伟大飞跃的历史征程上，具有极其伟大的意义。

党的十九大高度重视生态文明建设在社会主义现代化建设中的地位作用，高度重视生态文明建设在中国特色社会主义总体布局中的地位作用。在新时代中国特色社会主义发展的战略安排中，按照不同发展阶段，对每个阶段生态文明建设目标都提出了不同要求。

在决胜全面建成小康社会阶段，党的十九大报告提出：要按照十六大、十七大、十八大提出的全面建成小康社会各项要求，紧扣我国社会主要矛盾变化，统筹推进经济建设、政治建设、文化建设、社会建设、生态文明建设，坚定实施科教兴国战略、人才强国战略、创新驱动发展战略、乡村振兴战略、区域协调发展战略、可持续发展战略、军民融合发展战略，突出抓重点、补短板、强弱项，特别是要坚决打好防范化解重大风险、精准脱贫、污染防治的攻坚战。2018年6月16日，党中央和国务院印发了《关于全面加强生态环境保护　坚决打好污染防治攻坚战的意见》，又进一步明确提出：到2020年，生态环境质量总体改善，主要污染物排放总量大幅减少，环境风险得到有效管控，生态环境保护水平同全面建成小康社会目标相适应。

在基本实现社会主义现代化阶段，党的十九大报告提出：到那时，我国经济实力、科技实力将大幅跃升，跻身创新型国家前列；人民平等参与、平等发展权利得到充分保障，法治国家、法治政府、法治社会基本建成，各方面制度更加完善，国家治理体系和治理能力现代化基本实现；社会文明程度达到新的高度，国家文化软实力显著增强，中华文化影响更加广泛深入；人民生活更为宽裕，中等收入群体比例明显提高，城乡区域发展差距和居民生活水平差距显著缩小，基本公共服务均等化基本实现，全体人民共同富裕迈出坚实步伐；现代社会治理格局基本形成，社会充满活力又和谐有序；生态环境根本好转，美丽中国目标基本实现。党中央和国务院印发的《关于全面加强生态环境保护　坚决打好污染防治攻坚战的意见》，又进一步明确规定：通过加快构建生态文明体系，确保到2035年节约资源和保护生态环境的空间格局、产业结构、生产方式、生活方式总体形成，生态环境质量实现根本好转，美丽中国目标基本实现。

在建设社会主义现代化强国阶段，党的十九大报告指出：到那时，我国物质文明、政治文明、精神文明、社会文明、生态文明将全面提升，实现国家治理体系和治理能力现代化，成为综合国力和国际影响力领先的国家，全体人民共同富裕基本实现，我国人民将享有更加幸福安康的生活，中华民族将以更加昂扬的姿态屹立于世界民族之林。党中央和国务院印发的《关于全面加强生态环境保护　坚决打好污染防治攻坚战的意见》，也明确规定：到本世纪中叶，生态文明全面提升，实现生态环境领域国家治理体系和治理能力现代化。

通过上述战略安排和战略目标的回顾可以看出：从打赢污染防治攻坚战到“美丽中国目标基本实现”，再到“生态文明全面提升”，前后衔接、层层递进、环环相扣，勾画出中国生态文明建设在未来30多年里的时间表和路线图。其意义在于：一是进一步明确了生态文明建设同社会主义现代化建设的同步发展关系；二是进一步明确了生态文明建设在实现高质量发展、可持续发展、均等化发展、绿色发展中的优先发展关系；三是进一步明确了生态文明建设和生态环境治理在推进国家治理体系和治理能力现代化中的同等重要关系；四是进一步明确了生态文明建设在实现中华民族永续发展这一千年大计中的举足轻重关系。

建设美丽中国对于提高人的素质、实现人的全面发展具有哪些重要意义？

将建设美丽中国确立为建设社会主义现代化强国的奋斗目标，不仅对于实现我国物质文明、政治文明、精神文明、社会文明、生态文明全面提升有重要的意义，而且对全面提高人的素质、实现人的全面发展具有重要意义。

在实现物质文明、政治文明、精神文明、社会文明、生态文明全面提升的同时，促进人的素质全面提高、实现人的全面发展，是科学社会主义的本质要求。在促进人的素质全面提高、实现人的全面发展上，既要尽快地使全国人民都过上殷实的小康生活，并不断朝着共同富裕的目标前进，实现共享发展；又要确保人民当家作主，保证人民充分行使民主选举、民主决策、民主管理、民主监督的权利；还要努力提高全民族的思想道德素质和科学文化素质，实现人们思想和精神生活的全面发展；更要促进人与自然和谐共生，使人们在优美的生态环境中工作和生活，共同保护美丽家园，共同享受高质量的生态文明成果。

大量事实证明，在推进社会主义现代化建设的进程中，推进人的素质全面提高、实现人的全面发展，同推进物质文明、政治文明、精神文明、社会文明、生态文明全面提升，是互为前提和基础的。人的素质越是提高、越是全面发展，社会的物质文明、政治文明、精神文明、社会文明、生态文明成果就会创造得越多、越丰富多彩，人民的幸福感、收获感、满足感就会越高，人民参与社会主义建设的积极性、主动性、创造性也会越强。这反过来又能进一步激发物质文明、政治文明、精神文明、社会文明、生态文明的创造活力，进一步促进人的素质全面提高和人的全面发展。社会生产力和经济政治文化社会生态的发展水平是逐步提高、永无止境的历史过程，人的素质提高和人的全面发展程度也是逐步提高、永无止境的历史过程。

具体来说，建设美丽中国对于全面提高人的素质、实现人的全面发展具有哪些重要意义呢？

第一，通过绿色发展引起的生产方式和生活方式的变革，有助于快步走向生态文明新时代。绿色发展，就其要义来讲，是要解决好人与自然和谐共生问题。人类发展活动必须尊重自然、顺应自然、保护自然，否则就会遭到大自然的报复，这个规律谁也无法抗拒。在发展观念和思路上，决不能再以牺牲生态环境为代价换取一时一地的经济增长。要像对待生命一样对待生态环境，推动形成绿色发展方式和生活方式。绿色发展本身，就是创新发展的生动体现。实现绿色发展，必须改变过多依赖增加物质资源消耗、过多依赖规模粗放扩张、过多依赖高能耗高排放产业的发展模式，把发展的基点放到创新上来，塑造更多依靠创新驱动、更多发挥先发优势的引领型发展，这是供给侧结构性改革的重要任务。要坚定推进绿色发展，推动自然资本大量增值，让良好生态环境成为人民生活的增长点、成为展现我国良好形象的发力点，让老百姓呼吸上新鲜的空气、喝上干净的水、吃上放心的食物、生活在宜居的环境中、切实感受到经济发展带来的实实在在的环境效益，让中华大地天更蓝、山更绿、水更清、环境更优美，走向生态文明新时代。

第二，通过树立“人与自然和谐共生”理念，有助于加快实现有度有序利用自然。生态环境没有替代品，用之不觉，失之难存。保护环境就是保护生产力，改善环境就是发展生产力。在生态和环境上面克制一些，节约一些，多做减法，就是在社会生产力上面做加法、做乘法。实现中华民族永续发展是千年大计，一定要有长远观点，在生态环境问题上决不能“吃祖宗饭、断子孙粮”。在生态环境保护上，一定要树立大局观、长远观、整体观，不能因小失大、顾此失彼、寅吃卯粮、急功近利。人与自然是生命共同体。人因自然而生，人与自然是一种共生关系，对自然的伤害最终会伤及人类自身。决不能只顾自身发展，而给大自然造成无可挽回的损害。生态自觉，在本质上是“人与自然和谐共生”的认识与行为自觉。我们要坚持节约资源和保护环境的基本国策，协同推进人民富裕、国家强盛、中国美丽。

第三，通过树立节约集约循环利用的资源观，推动全社会形成绿色消费自觉。生态文明是人民群众共同参与、共同建设、共同享有的事业，要把建设美丽中国转化为全体人民自觉行动。每个人都是生态环境的保护者、建设者、受益者，没有哪个人是旁观者、局外人、批评家，谁也不能只说不做、置身事外。动员全社会都以实际行动减少能源资源消耗和污染排放，为生态环境保护作出贡献。生态环境问题，归根到底是资源过度开发、粗放利用、奢侈消费造成的。要推动树立以奢侈浪费为耻、以节约优先为荣的良好社会风尚。倡导合理消费，力戒奢侈浪费，制止奢靡之风。绿色生活方式涉及老百姓的衣食住行。要倡导简约适度、绿色低碳的生活方式，反对奢侈浪费和不合理消费。广泛开展节约型机关、绿色家庭、绿色学校、绿色社区创建活动，推广绿色出行，通过生活方式绿色革命，倒逼生产方式绿色转型。

建设美丽中国对实现中华民族永续发展将产生哪些深远影响？

习近平生态文明思想中一个非常重要的论断，就是明确提出，“生态兴则文明兴，生态衰则文明衰”，“建设生态文明是中华民族永续发展的千年大计”。因此，以习近平同志为核心的党中央站在实现中华民族伟大复兴中国梦的战略高度，站在建设社会主义现代化强国的战略高度，站在构建人类命运共同体的战略高度，将古今中外一脉贯通，提出了建设美丽中国的响亮口号。这一奋斗目标的确立，必将对中华民族永续发展产生深远影响。

为中华民族永续发展阐发了一个规律，这就是“生态兴则文明兴，生态衰则文明衰”。生态环境是人类生存和发展的根基，生态环境变化直接影响文明兴衰演替。奔腾不息的长江、黄河是中华民族的摇篮，哺育了灿烂的中华文明。唐代中叶以来，我国经济中心逐步向东、向南转移，很大程度上同西部地区生态环境变迁有关。在实现中华民族伟大复兴中国梦的关键时刻，生态文明建设刻不容缓、时不我待。建设生态文明是关系中华民族永续发展的根本大计，功在当代、利在千秋，关系人民福祉，关乎民族未来。必须着眼未来，立即行动起来。

绿水青山既是自然财富、生态财富，又是社会财富、经济财富。保护生态环境就是保护自然价值和增值自然资本，就是保护经济社会发展潜力和后劲，使绿水青山持续发挥生态效益和经济社会效益。

为中华民族永续发展确立了一个理念，这就是“人与自然和谐共生”。当人类合理利用、友好保护自然时，自然的回报常常是慷慨的；当人类无序开发、粗暴掠夺自然时，自然的惩罚必然是无情的。人类对大自然的伤害最终会伤及人类自身，这是无法抗拒的规律。保护自然就是保护人类，建设生态文明就是造福人类。必须尊重自然、顺应自然、保护自然，推动形成人与自然和谐发展现代化建设新格局，还自然以宁静、和谐、美丽。

为中华民族永续发展指明了一个路径，这就是“绿色发展”道路。绿色是生命的象征、大自然的底色，更是美好生活的基础、人民群众的期盼。绿色发展是新发展理念的重要组成部分，与创新发展、协调发展、开放发展、共享发展相辅相成、相互作用，是全方位变革，是构建高质量现代化经济体系的必然要求，目的是改变传统的大量生产、大量消耗、大量排放的生产模式和消费模式，使资源、生产、消费等要素相匹配、相适应，实现经济社会发展和生态环境保护协调统一、人与自然和谐共处。加快形成绿色发展方式，是解决污染问题的根本之策。只有从源头上使污染物排放量大幅降下来，生态环境质量才能明显好上去。重点是调结构、优布局、强产业、全链条。调整经济结构和能源结构，既提升经济发展水平，又降低污染排放负荷。对重大经济政策和产业布局开展规划环评，优化国土空间开发布局，调整区域流域产业布局。培育壮大节能环保产业、清洁生产产业、清洁能源产业，发展高效农业、先进制造业、现代服务业。推进资源全面节约和循环利用，实现生产系统和生活系统循环链接。

为中华民族永续发展找到了一个制度，这就是构建生态文明体系。要通过全面深化改革，加快建立健全以生态价值观念为准则的生态文化体系，以产业生态化和生态产业化为主体的生态经济体系，以改善生态环境质量为核心的目标责任体系，以治理体系和治理能力现代化为保障的生态文明制度体系，以生态系统良性循环和环境风险有效防控为重点的生态安全体系。制度的生命力在于严格执行。要加强对生态文明建设的总体设计和组织领导，设立国有自然资源资产管理和自然生态监管机构，完善生态环境管理制度，统一行使全民所有自然资源资产所有者职责，统一行使所有国土空间用途管制和生态保护修复职责，统一行使监管城乡各类污染排放和行政执法职责。

为中华民族永续发展明确了一个奋斗目标，这就是建设美丽中国的奋斗目标。首先，确保到2035年节约资源和保护环境的空间格局、产业结构、生产方式、生活方式总体形成，生态环境质量实现根本好转，生态环境领域国家治理体系和治理能力现代化基本实现，美丽中国目标基本实现。然后继续努力，到本世纪中叶，建成富强民主文明和谐美丽的社会主义现代化强国，物质文明、政治文明、精神文明、社会文明、生态文明全面提升，绿色发展方式和生活方式全面形成，人与自然和谐共生，生态环境领域国家治理体系和治理能力现代化全面实现，建成美丽中国。

为中华民族永续发展发起了一场战役，这就是污染防治攻坚战。实现中华民族永续发展是千年大计，万里长征始于足下。这个突破口选在哪里？习近平总书记2018年5月18日在全国生态环境保护大会上明确指出："把解决突出生态环境问题作为民生优先领域。有利于百姓的事再小也要做，危害百姓的事再小也要除。"[①]打好污染防治攻坚战，就要打几场标志性的重大战役，集中力量攻克老百姓身边的突出生态环境问题。当前，重污染天气、黑臭水体、垃圾围城、农村环境已成为民心之痛、民生之患，严重影响人民群众生产生活，老百姓意见大、怨言多，甚至成为诱发社会不稳定的重要因素，必须下大

① 习近平：《推动我国生态文明建设迈上新台阶》，载《求是》2019年第3期。

气力解决好这些问题。要集中优势兵力，动员各方力量，群策群力，群防群治，一个战役一个战役打，打一场污染防治攻坚的人民战争。在这场关系中华民族永续发展的歼灭战里，坚决打赢蓝天保卫战是重中之重，深入实施水污染防治行动计划也是这场战役的重要组成部分，同时还要全面落实土壤污染防治行动计划，加大农村环境整治力度，并要严格管控生态保护红线，实现山水林田湖草系统监管和事前事中事后的全过程监管。

为中华民族永续发展搭建起一个全球治理舞台，这就是“共谋全球生态文明建设”。生态文明建设关乎人类未来，建设绿色家园是人类的共同梦想，保护生态环境、应对气候变化需要世界各国同舟共济、共同努力，任何一国都无法置身事外、独善其身。我国已成为全球生态文明建设的重要参与者、贡献者、引领者，主张加快构筑尊崇自然、绿色发展的生态体系，共建清洁美丽的世界。要深度参与全球环境治理，增强我国在全球环境治理体系中的话语权和影响力，积极引导国际秩序变革方向，形成世界环境保护和可持续发展的解决方案。要坚持环境友好，引导应对气候变化国际合作。要推进“一带一路”建设，让生态文明的理念和实践造福沿线各国人民。